読んで旅する
よんたび

イタリアの「幸せのひと皿」を食べに行く

宮嶋 勲

大和書房

はじめに

私はジャーナリストだが、ワインについての執筆やセミナーが中心だ。だからワインジャーナリストと紹介されることも多い。昔イタリアに住んだことがあり、今もイタリアで年の3分の1を過ごす。

ワイナリーを訪問すると生産者と食卓を囲み、友人に誘われて話題のレストランを訪れることもよくある。日本でも来日した生産者に同行して、多くのイタリア料理店を訪れる。そんな生活を40年近く続けてきたので、頻繁にイタリア料理を食べてきたことになる。イタリアのレストランガイドの覆面調査員を10年間務めたこともあり、そのときは数多くのレストランを訪問した。

だからよく「おすすめのイタリアレストランはありますか？」とか「どのお店が美味しいですか？」と尋ねられる。ごく自然な質問なのだが、ちゃんと答えるのは意外に難しい。もちろんその時々に気に入っている店はあるし、「ダル・ペスカトーレ」のように長年通っているレストランもあるのだが、純粋に料理だけに惹かれるというよりも、オーナーやその家族と気が合って、友人になったので訪れることが多い。その意味で私はグルメやフーディーではなく、レストランに居心地のよさを求めている人間だ。レストランで極端に刺激的な体験をしたり、食についての概念を覆されるような経験をしたいとは思わないし、ましてや食のあり方について模索、探求したり、持続可能性の大切さについて注意を喚起されたりするのはまっぴらごめんだ。

一日の疲れを癒やしてくれる心地よい2~3時間を過ごしたいだけである。だから素朴な店が好きだ。幸いイタリアは、家族経営の気取らない店に素晴らしいものが多い。

イタリアは地方料理が豊かだ。それぞれの地方でまったく料理が異なる。ピエモンテとシチリアでは、同じ国とは思えないほど食べられているものが違う。そして、地方料理はその土地のワインと密接に結びついている。ワインの仕事で各地を訪れるたび、新たな発見がありワクワクする。

この本は、私が40年間にわたりイタリア料理を食べて続けてきた中で経験したこと、感じたことをまとめたものである。「イタリア料理が好きか」と問われれば、やはり好きなのだと思う。ただ、40年もつき合っていると好き嫌いの問題ではなく、もう生活の一部になってしまっている。だから私にとってイタリア料理が一番「落ち着く」し、家に戻ったような安心感を覚える。

本書を通じて、イタリアの豊かな食の魅力を少しでも伝えることができれば幸いである。

宮嶋　勲

イタリアの「幸せのひと皿」を食べに行く　目次

第2章 〝シンプル〟と〝わかりやすさ〟の魅力　トスカーナ

第3章 幸せの記憶を呼び覚ますラザーニャ　エミリア

第8章　リストランテの向こう側

Viaggio Culinario Italiano

第 1 章

「個室」のないレストラン

ローマ

ROMA

木曜日はニョッキの日

１９８３年から１９８９年までローマで暮らした。それまでイタリアに行ったことはなかった。私のイタリアの原体験はローマにある。最初にイタリア料理に触れたのもローマだった。１９８３年当時の日本には本格的イタリア料理店はほとんどなく、イタリア料理自体もまったく知られていなかったし、人気もなかった。イタ飯ブームが訪れるのは5年ほど後である。

だから私も日本で食べられていた「イタリア料理もどき」しか経験がなかった。イタリア料理についての知識もほとんどないままローマに放り込まれた私は、手探りで価格の安そうな近所のトラットリアを回り始めた。

最初に気づいたのは、どの店もほとんどメニューが同じで、15～20種類の限られた定番メニューを一年中食べていて、特に不自由を感じていないということだった。前菜は生ハムやサラミ、アーティチョークを茹でたもの、ズッキーニの花のフライなど、シンプルなものばかりで、種類も少ない。パスタはトマトソースのスパゲッティ、カルボナーラ・スパゲッティ、アマトリチャーナ風ブカティーニ（穴が開いたロングパスタ）、プッタネスカ風スパゲッティーニ（娼婦風はトマト、黒オリーブ、ケッパー、アンチョビ、唐辛子などのソース）、リコッタチーズとほうれん草を詰めたラヴィオリ、ミートソースのフェットゥッチーネ、ミネストローネなどが定番だ。

北イタリアの料理であるリゾットを食べる習慣はなかった。メインは仔羊のスコッタディート（乳飲み仔羊の骨つきあばら肉を焼いたローマの名物料理）、牛肉のビステッカ（ビーフステーキ）、仔牛のロンバータ（サーロイン）、ローストチキン、仔牛の薄切り肉を焼いたものなどが定番だった。店によってはローマ風トリッパ（胃袋のトマト煮込み）や牛のテールの煮込み（コーダ・アッラ・ヴァッチナーラ）を出す店もあった。

これらの定番以外に「今日はパスタ・エ・チェーチ（ひよこ豆のスープにショートパスタを入れたもの）があるよ」とか「今日は仔牛のローストを作ったよ」といった感じで、2～3種類その日のメニューが加わる。2～3か月も暮らすとメニューを見なくても、おおよそ何があるのかわかるようになる。

観光客などのためにメニューは用意されてはいるが、地元の人はほとんどメニューを見ていない。何があるか知っているので、見る必要がないのである。唯一のヴァリエーションであるその日のメニューは、注文時に主人が口頭で列挙する。

伝統的に曜日ごとのメニューが決まっていて、それによると木曜日はニョッキ、金曜日は魚（ローマでは干鱈《ひだら》とひよこ豆が定番。金曜日は肉を食べないというキリスト教の教えが当時はまだ残っていた）、土曜日はトリッパ、日曜はスップリ（お米の小さなコロッケ）というのが有名で、これを忠実に守っているトラットリアもあった。この4つと比べると他の曜日の知名度は低いが、一応決まっていて月曜日が牛テール、火曜日が豚の皮とインゲン豆の煮込み、水曜日が牛の煮込みとなっている。

ローマにはイタリア料理がない

未熟な私はまだわかっていなかったが、これらはイタリア料理ですらなく、ローマ料理だった。庶民的な店では地元料理しか提供していなかったのだ。今でもイタリア料理というものは存在せず、多くの地方料理が共存しているだけだといわれるが、40年前はさらに地方色が強かった。ピエモンテ料理であるバーニャ・カウダを知っているローマ人は数少なかった。ローマ人は何の疑いもなくローマ料理を食べて、それが世界で一番美味しい料理だと思い込み、声高にそれを自慢していた。「なんたってローマの料理が最高だよ」と。ただ本人はローマ以外の料理はほとんど知らないのである。

無知からくる思い込みと揶揄《やゆ》することは簡単だが、私には新鮮だった。ローマに生まれ、ローマ料理だけを食べ、それが世界一だと信じて一生を終える。それがとても幸せなことに思えた。足ることを知る食生活なのだ。

その後、イタリア各地を旅し、どの地方でも同じように「おらが村の食事が一番」と信じている人に出会った。さすがに今では40年前のように無邪気に自慢する人は減ったが、心の中では絶対にそう思っているに違いない。

だから初めて訪れる地方でも、地元料理についての知識を仕入れておくと、驚くほどその地に溶け込むことができる。「フィナンツィエーラを食べたかったのですよ」と言えば、ピエモンテの人は心を許してくれる（可能性が高い）。

ジャーナリストとして仕事をするには、できるだけ短時間で相手との距離を縮めることが大切だ。そのためには地元料理を褒めて、相手の琴線に触れることが重要である。地元料理で相手の懐に飛び込むというのは、有効な手段の一つである。

世界一美味しい間抜けな白ワイン

ローマでもう一つ驚いたのは、ほとんどの人が白ワインを飲んでいたことだ。それもボトルに入ったものではなく、カラフェに入れたハウスワインで、「半リットル」「4分の1リットル」と自分が飲みたい容量で注文する。どこのワインかと尋ねると「カステッリ・ロマーニのうまいやつだよ」という答え。カステッリ・ロマーニとはローマの南に広がる丘陵地帯で、火山湖が散在し、ローマ法王や貴族の別荘がある。火山性土壌と温暖な気候に恵まれ、フラスカーティーやマリーノといった白ワインで知られるワイン産地である。

昔からローマでワインといえばカステッリ・ロマーニのワインを意味した。北イタリアの白ワインと比べると、酸がやさしく、果実味もそれなりにあり、飲みやすい。あまり締まりのない間の抜けたワインと貶《けな》す人もいるが、ローマののんびりとした雰囲気の中で飲むととても美味しく感じられる。

トラットリアには大きなタンクがあり、注文が入るとその蛇口からカラフェに移して、テーブルに持ってくる。当時は庶民的な店で瓶詰されたワインを注文する客はほとんどいなかった。テーブルに腰掛けるとカメリエーレ（ボーイ）がやってきて、「ワインは白？　赤？」「水はガス入り？　ガスなし？」と尋ねるので、「白を半リットル。水はガスなし」というとそれを持ってきてくれる。その後に料理を注文するという流れだ。

カステッリ・ロマーニの白ワインは私が最初に本格的に飲んだワインで、今でも大好きだ。アプリコットを想起させるチャーミングな果実味、やや弛緩したやさしい味わいに癒やされる。偉大なワインではないし、ローマ以外で飲もうという気にはならないが、ローマのポカポカ陽気の中、降り注ぐ太陽の下で飲むと世界一のワインに思える。

羊飼いを包み込むやさしいワイン

ローマ料理は塩味が強く、こってりしたものが多いのだが、なぜか白ワインを飲む人が多い。カルボナーラをはじめとしてペコリーノ・ロマーノ（長期熟成

した羊乳チーズ）をよく使うので、塩辛いし、羊乳ならではの独特な臭みがある。カステッリ・ロマーニの白ワインはペコリーノ・ロマーノの「羊飼いっぽさ」をうまく包み込んでくれる。ローマ名物コーダ・アッラ・ヴァッチナーラ（牛テールの煮込み）は脂っこい料理なので、ソムリエ・マリアージュ理論に従うとタンニンが強い濃い目の赤ワイン（たとえばモンテプルチャーノなど）が合うということになるのだろうが、ローマではこれにもカステッリ・ロマーニの白ワインを合わせている。

理論上おかしくても、なぜかしっくりとくるのだ。やはり長年その土地で愛されてきたワインや料理、そしてその組み合わせは、その土地で飲んだり食べたりすると、胸にストンと落ちるものがあるような気がする。

羊飼いの伝統と共存の料理

ここでローマの食をざっくりと紹介しておこう。実に雑然と、さまざまな要素と起源を抱え込んだ料理である。現在ローマ料理とされているものにはいくつか大きな流れがあり、最も重要なものは羊飼い料理だ。イタリア半島はローマがあるラツィオ州から南になると平野部が少なく、水が豊かでないので、牛や豚の大規模な飼育が難しく、羊や山羊の放牧が増える。ラツィオ州は典型的な羊放牧文化圏で、もとは古代ローマも羊飼いの村落からスタートしたのである。

ローマ名物の乳のみ仔羊の炭火焼き、アッバッキオ・ア・スコッタディートやカルボナーラの原型となったカーチョ・エ・ペーペ（羊乳チーズであるペコリーノと胡椒だけのシンプルな味つけのパスタ）は典型的な羊飼い料理だし、ローマでよく食されお菓子にも使われるリコッタも、羊乳のものが主流である。羊飼い料理は素材に少し手を加えただけの非常に素朴なもので、それがローマ料理の基本となっている。味わいもシンプルではっきりとしたものが好まれ、カルボナーラやアマトリチャーナはその典型だろう。

ローマがあるラツィオ州は重要な農業地で野菜や穀物が多く栽培されていて、それはローマ料理にふんだんに取り入れられている。ひよこ豆、インゲン豆、レンズ豆などの乾燥豆もよく使われる。パスタと野菜や豆類の組み合わせはローマ料理によくみられる。味つけの基本にあるのはオリーヴオイル、ニンニク、唐辛子である。

もう一つ重要な流れが、食肉処理場があったテスタッチョ周辺で発達した内臓料理である。肉の上等な部位を食べられない庶民が、安価な部位をいかに美味しく食べるかの知恵を絞って生み出した料理だ。有名なものとしてはテールの煮込みであるコーダ・アッラ・ヴァッチナーラや胃袋の煮込みであるトリッパ・アッラ・ロマーナなどがある。仔羊や仔牛の小腸であるパイアータも典型的なテスタッチョ料理で、そのままグリルしたり、トマトで煮込んでリガトーニ・パスタと一緒に食されたりする。

どれもかなり胃にもつ重い料理で、かなりワイルドな味わいだが、非常に美味しい。このような気取らない料理は、まさにローマ料理の真骨頂。テスタッチョ料理に対する地元の人の愛着は強く、これらの料理が好きだと宣言すると仲間として受け入れられやすい。

もう一つローマ料理に独自の「キャラ」を与えているのが、ユダヤ料理の影響だ。ローマのゲットーは世界で最も古いものの一つで、カンピドリオの丘のすぐそばという中心街にあり、ローマ料理に大きな影響を与えた。最も有名なのがカルチョーフィ・アッラ・ジュディア（ユダヤ風アーティチョーク）でラツィオ産の先端の部分までやわらかいアーティチョークをオリーヴオイルで揚げたシンプルな料理だ。鰯《いわし》とアンディヴのタルトも有名だ。

これらの伝統料理をベースにしながら、ローマ料理は外から入ってきた雑多な要素を包括して発展してきた。周辺のアブルッツォ、ウンブリア、マルケなどの州からローマに移民してきた人たちが持ち込んだ料理の影響も大きい。今やローマ料理の定番になってしまったカルボナーラも、おそらくは羊飼い料理であるカーチョ・エ・ペーペをベースに、第2次世界大戦後に連合軍のアメリカ兵士により生み出されたであろう新しい料理だ。

星つきより俺の友だちがやっている店がいい

もともとローマの文化は、その純粋性を保つということには関心がなく、外からの文化であっても、役立ちそうなものはどんどん取り入れていくという傾向が強い。古代ローマの時代から雑多なものを共存させてきた町なので、雑食なのだ。外国人に対する差別も、最も少ない町であろう。よく言えば、清濁併せて呑み込み、すべてを包容しながら、それを消化せずに混然と共存させていくしたたかで逞しい文化ともいえるだろう。

ローマ人はとりあえず権威的なもの、仰々しいものを嫌う。ヴァチカンという大権威が近くにあったためか、権威に対する反抗心が強いのだ。一方、くだけて気さくなものを好む。料理でも複雑なレシピのものより、シンプルでストレートな味わいで腹持ちのいいものを好むし、高そうな料理より、素朴な料理をよしとする。ワインでも基本的にどこの産地の、どの品種を使った、どのヴィンテージのワインといったような専門的なアプローチは嫌がられ、「カステッリ・ロマーニの美味しいやつ」といったような注文の仕方の受けがいい（ただ、この注文をしても「美味しいやつ」が出てくる可能性は低い）。

レストランでもちゃんとしたサービスを行う一流店よりも、馴れ馴れしい友だち風の接客が好まれる。ミシュラン星つきレストランなどよりも、「俺の友だちがやっている良心的な店」というほうがいいということになる。一事が万事そんな具合で、反権威的なのである。だから、この町では繊細な味わいや細心の注意を払ったサービスを求めてはいけない。屋外のテーブルに陣取って、のんびりと弛緩したローマの雰囲気を楽しみながら、埃っぽい空気もローマの風情と肯定的に捉えて、やや塩が強いが憎めないストレートな味わいの料理を楽しめばいいだろう。

レストランガイドブックの審査員として評価をすると75〜78点ぐらいのレストランでも、のんきに照りつける太陽の下で食べれば美味しく思えるし、テーブルで過ごす2〜3時間は至福の時間となる。

あくまで私の個人的意見だが、ローマで星がついたような高級レストランに行きたいとは思わない。気取ったことが似合わないのだ。街角にある庶民的なトラットリアが似合うし、美味しい料理を食べるよりも、食卓で寛いだ時間を過ごすほうが幸せに思える町なのだ。

小学生もピッツァは一人1枚

イタリアのピッツェリアでは、一人1枚ピッツァを食べるのが普通だ。逆の言い方をすればピッツァ1枚しか食べない。日本のピッツェリアのようにナポリ風の前菜料理がたくさん用意されていて、それを何種類もとり、おつまみにしてワインやビールを飲んでから、〆にピッツァを数切れ（シェアして）食べるという習慣はない。普通はピッツァだけを食べる。

日本人が蕎麦やうどんを食べるときと同じである。店に数人で行っても、それぞれが自分の蕎麦（天麩羅蕎麦、ざる蕎麦、きつね蕎麦など）を1杯食べる。それをシェアするという発想はないし、それぞれがその日に食べたい蕎麦を決めているので、人の蕎麦に気を引かれることもあまりない。

ピッツァ1枚というと量が多いように思うが、子どもの頃から食べ慣れているイタリア人にとって、ピッツァ1枚はまったく無理のない量である。これは女性でも、子どもでも同じだ。遠足帰りなのか、ピッツェリアで小学生10名ほどが、先生に引率されてピッツァを食べているのを見かけることがあるのだが、小学生でも普通の大きさのピッツァを一人1枚ちゃんと食べていた。やはり食べ慣れている食材は、かなりの量でも無理なく食べられるようだ。

日本人はピッツァ生地を子供の頃から食べているわけではないので、すぐにおなかがいっぱいになってしまう。最近は外国人を鮨屋で見かけることが多くなったが、米を食べ慣れていない国の人は10貫も食べると鮨飯で満腹になってしまうそうで、ギブアップする人が多いと鮨屋の主人が教えてくれた。それがまたステーキだと500gぐらいペロリと平らげそうな巨漢であることもあるらしい。やはり食べ慣れていない食材は、大量には食べられないようだ。

「どうかピッツァに専念してください」

もちろん前菜を何種類も用意しているピッツェリアもあるし、ピッツェリアとレストランが合体している場合もある。ただピッツァに自信を持ち、こだわっている店ほど、「ピッツァだけに専念してほしい」オーラを出している。超本格的なピッツェリアだとピッツァの種類もマルゲリータ（トマト、モッツァレッラ、バジル）とマリナーラ（トマト、ニンニク、オレガノ）の2種類だけだ（特にナポリはこのパターンが多い）。これはまさに「トッピングではなく、ピッツァそのものを味わってほしい」というメッセージで、その場合はトッピングはシンプルであればあるほどいい。ピッツァは生地を楽しむもので、トッピングはあくまで「おまけ」でしかない。これはパスタでもリゾットでも同じで、パスタや米の味を楽しむのが主で、トッピングは「おまけ」である。

ピッツァ生地、パスタ、米を純粋に味わうことを邪魔するほどトッピングが「肥大化」してはいけない。控えめであるべきだ。蕎麦自体の味を楽しむなら、もりかかけが最高で、上にのっている天麩羅やお揚げが「肥大化」しては、蕎麦自体の味がわからなくなるのと同じである。

イタリア人が最も嫌うのは、アメリカやドイツでよく見かけるミートボール・スパゲッティである。これはメインディッシュにしてもいいほどの量のミートボールの下か横にスパゲッティがつけ合わせ的に置かれているもので、スパゲッティは「パスタ料理」だと頑なに考えているイタリア人には許せない「邪道」

であるらしい。

ただイタリアでもピッツァを2種類だけに絞るという「頑固系」の店はナポリ以外では少なく、普通の店は20種類ほどを用意している。

圧倒的に人気があるのはマルゲリータで、ほとんどの店は普通のマルゲリータと、水牛のモッツァレッラを使った「マルゲリータ・ブファラ（イタリア語で水牛）」を提供していて、当然ブファラのほうが値段は高い。

マリナーラも必ずあるが、ナポリ以外ではアンチョビを加えるという「脱線」も行われている。

カプリッチョーザ（イタリア語で「気まぐれ」という意味）とクアットロ・スタジョーニ（イタリア語で「四季」という意味）というピッツァも人気があるが、この二つは非常に似ている。ざっくりいえば「いろいろトッピング」である。

使われるのはモッツァレッラ、トマト、オレガノ、黒オリーヴ、アーティチョークとキノコのオイル漬け、ハムなどだ。カプリッチョーザの場合はこれらのトッピングが全体に散らされているが、クアットロ・スタジョーニの場合は4等分されて、こちらの4分の1にはハム、こちらの4分の1にはアーティチョークといった感じで別々にトッピングされている。イタリア人でもこの違いをわかっている人は少なく、何となくいろいろ食べたい気分のときはこの二つのどちらかを注文しているようだ。

4種類のチーズをトッピングしたクアットロ・フォルマッジ（まさに「4つのチーズ」の意味）は新しいピッツァだが、人気が高くなり、特に外国では最も知られたピッツァの一つとなった。4種類のチーズをトッピングするだけのピッツァだが、濃厚な味わいで、メインディッシュのような満腹感がある。

4種類のチーズは、絶対に欠かせないのがモッツァレッラとゴルゴンツォーラだ。残り二つはそれぞれの店が好みで選んでいるが、フォンティーナやアジアーゴといった溶けやすいクリーミーなチーズを入れると味がまとまりやすい。最後の一つはパルミジャーノを選ぶ店が多い。このピッツァは「トッピングはできるだけシンプルにしてピッツァ生地を味わうべし」と考える伝統派にとっては邪道なのだろうが、がっつりした味を求める人に愛されている。

ピッツァは、普通はビールか軽めの白ワインやロゼワインが合うが、クアットロ・フォルマッジは赤ワインとも楽しめることも成功に寄与している。このピッツァにはトマトは使われない。

トマトを使用しないピッツァはビアンカ（白）と呼ばれ、生ハムとルコラなどをトッピングして食べるととても美味しい。

ピッツァ職人のピッツァ・グルメ

最近はイタリアでもピッツァ職人のスター化、ピッツァの高級化が見られ、ひとひねりした個性的なピッツァを出す店が出てきた。これらの店はピッツァのフルコースといった感じで、次々に異なるタイプのピッツァが6分の1から8分の1にカットされて出てくる。マルゲリータをひとひねりしたもの、モルタデッラとリコッタをのせたもの、生ハムとキノコをのせたものなどが、緩急をつけて異なる味わいのものが続くので、飽きない。

このような店だと6名か8名で行ったほうが、何種類も食べられて楽しい。有名ピッツァ職人の「俺風ピッツァ」はピッツァ・グルメなどと呼ばれ、一定の人気がある。

ミラノの東70キロにイゼオ湖という美しい湖がある。その南に広がる美しい丘陵地帯がフランチャコルタ地方で、ここで造られる瓶内二次発酵スパークリングワインはイタリアで最も著名なものだ。ここに5つ星ホテル「ラルベレータ ルレ ＆ シャトー」がある。ホテル内に有名なエステがあり、ダイエット食も提供していることから、お金持ちがデトックスやダイエットをかねて長期滞在することもある。このホテルの敷地内に有名なピッツァ職人であるフランコ・ペーペのピッツェリアがあり、常に賑わっている。

このホテル内には、昔はイタリアで最初にミシュラン3つ星を獲得したグアルティエーロ・マルケージのレストランがあったこともあり、今でもいいレストランがあるのだが、なぜか皆がピッツェリアに行きたがる。美食に慣れているはずの富裕層の顧客でも、やはりピッツァの誘惑には勝てないようだ。このピッツェリアに行くと、洒落た服装の客がフランチャコルタの高級スパークリングワインと次々に出てくるピッツァのマリアージュを楽しんでいる。

ただ、このようなグルメ・ピッツァはまだ少数派で、やはりピッツェリアは気軽な店が多い。私がピッツェリアに行くのは、ワイナリー訪問をして生産者と食べたランチが重かった場合で、「おなかも空いてないので、夜はさくっとピッツァでも」といった感じで田舎のピッツェリアに入ることが多い。客は地元の人がほとんどで、お互いに知り合いなのか、テーブルを超えて挨拶をしている。心地よい喧噪の中で、ピッツァを1枚食べて、ビールかワインを少し飲み、1時間ほどで店を出る。ほとんどの場合は記憶に残るほど美味しいピッツァではないのだが、なぜか居心地がよく、次の訪問時にも寄ってしまう。私はそんなピッツェリアが好きだ。

すべてはテーブルから始まる

ローマに暮らしていた頃、近所に馴染みのトラットリアがあり、週に2、3回通っていた。普段使いの店なので、まず価格が安くて、居心地がいいことが重要だ。

その店は主人がいつも笑顔で、愛想がよく、いかにもイタリア人といった陽気な男だった。外国人の一人客である私も快く受け入れてくれた。店にはちゃんとした名前があったと思うのだが、皆が「ペッピーノ（主人の名前）の店」と呼んでいたので、正式名は覚えていない。常連客にとっては「ダ・ペッピーノ」だった。通い始めると一人で食べに来ている常連客が多いことに気づいた。すぐ顔馴染みになり、話をするようになった。そのほとんどは何らかの理由で外食をする必要がある人たちで、そのトラットリアを食堂代わりに使っていた。

定年が近い独り身の小学校の教師、独身の若い警官、配偶者をなくした市バスの運転手、妻と離婚してラヴェンナからローマに移り住んできたインテリの中年男性など雑多な人が通っていた。ローマはこのような素朴で、少し雑だが、それなりに美味しい食堂のような店が数多くある。独身者や出張族が多いからである。

ローマには隣のアブルッツォ州出身のオーナーが経営しているトラットリアが多いが、この店もそうだった。ただアブルッツォ料理を出すのではなく、ローマ風の料理を出していた。カルボナーラ・スパゲッティがとても美味しく、ペコリーノ・ロマーノが多く使われたパンチの効いた羊飼い風の味わいだった。スパゲッティーニ・アッラビアータは細めのパスタと唐辛子が効いたトマトソースがうまく溶け合っていた。鶏のローマ風（鶏とピーマンをトマトソースで煮込んだ素朴な料理）が私は大好きだった。

定番メニューが20種類ほどあり、それ以外にその日のメニューが2、3皿加わるだけだが、食べ飽きることはなかった。ローマのトラットリアは総じて塩味が強めだが、ローマで飲まれる白ワインにはよく合う。

テーブルが「近道」

最初のうちは隣のテーブルにいる常連客と言葉を交わす程度だったが、だんだん顔が知られてくると、私のテーブルに来て一緒に食事をする常連客も現れてきた。「ローマで何をしているのか?」とか、「日本ではどんなものを食べるのか?」（当時イアリアでは、日本食はまったく知られていなかった）などの質問から、サッカーの試合についてのコメントや、政治についてなど、他愛のない話につき合っていた。常連客は疑似家族のようなもので、お互いのことを実によく知っていた。

当時イタリアに滞在する日本人にとって最も面倒なのが、滞在許可証の更新であった。不法滞在ではないので更新自体にまったく問題はないのだが、早朝から長い列に並んで、担当者の横柄な態度に耐えながら、ひたすら平身低頭に徹して、ようやく午後に許可証が更新されるという、かなりストレスフルな状況だった。そのことを常連客である警官に愚痴ると、「滞在許可証の担当者に知り合いがいるから紹介してやるよ」との答え。

にわかに信じがたかったが、彼が指示するように警察署に行くと、彼の友人がいて一緒にコーヒーを飲んだ後に、滞在許可証を担当している部署の人を紹介してくれた。その人がまた親切で、10分ほどおしゃべりをした後、あっという間に許可証を更新してくれた。このようにしてストレスを避けて、短時間で、更新を済ますことができたのである。

このことは、イタリアで生きていくために必要なことを教えてくれた。それはコネがあると近道ができるということ。もちろんコネがなくても滞在許可証は更新できたのだが、かなり疲れ果てる一日になっていただろう。法治国家なのでコネによって不可能なことが可能になるわけではないが、はるかに楽ができるということだ。

もう一つ大事なポイントは、滞在許可証担当者は私の直接の友人ではなく、友だちの友だちのまた友だちであったということだ。かなり遠くて弱いコネなのである。日本でも友人に便宜を図ることはあっても、友だちの友だちのまた友だちに便宜を図ることは少ないし、依頼するほうも遠慮するだろう。芋づる式に伸びた弱いコネでもうまく機能する社会なのだ。だから、もし逆の立場になったら、友だちの友だちのまた友だちにも便宜を図ってあげなければならないという理屈になる。

実際に今でも「あなたの友人ジョヴァンニの従兄のマルコから、あなたのメールアドレスをもらいました。今度、東京に行くので、いいレストランを教えてくださいい」といったかなり遠いコネから依頼を受けることが珍しくない。緩やかで広い互助会のようなもので、困ったときはお互い助け合いましょうという価値観が共有されているのである。

1861年にイタリア統一が行われて以降、3000万人近いイタリア人が海外に移民したが、移民の多くがこのように遠いコネを頼って異国に渡ったのである。そして、この近道の始まりは食卓であった。食卓を共有することで親しみが生まれ、コネが生まれるのだ。

常連客の一人であるインテリ男性Aとは、文学について語り合うことがあった。二人とも当時出版され話題になっていたウンベルト・エーコの『薔薇の名前』が気に入っていたので、それにまつわる話をよくした。私は映画の仕事に興味があったので、そのことを話すと「そういえば一昨日に招かれた友人宅で映画監督と一緒だった。アジアに興味があるようなことを話していたので、尋ねてみるよ」との答え。

数日後にトラットリアでまた一緒になると「映画監督の知り合いが香港、タイ、インドでドキュメンタリーを撮影するので英語とイタリア語が話せる助手を探しているらしい。興味あるかい？」と言うので、「もちろん。大いに興味があります」と答えると、それでは一緒に食事でもしよう（なぜか必ず食事をすることになる）とのこと。

1週間後にレストランで食事をしたが、いつものパターンで出席者がかなり膨れ上がっていた。本来ならA、映画監督、プロデューサー（実はこの人が助手を探していた）だけでいいのだが、そのパートナーである女優、そのまた友人の俳優、メイクなどと参加者が増えるので、結局は10名を超えた宴会となった。まともな仕事の話ができるはずはなく、食事を楽しんで、雑談をしながら、顔合わせといった感じで終わった。仔牛のカツレツにチーズと生ハムをのせたボローニャ風カツレツがとても美味しかったことを覚えている。

誰が会計をしたのかは覚えていないが、おそらくプロデューサーが払ったのだろう。そして後日ようやくプロデューサーから電話があり、「先日ちらっと触れたロケの件で話したいから、家に来てくれないか」ということで午後に出かけていった。そしてトントン拍子に話がまとまり、私は１か月にわたる撮影旅行に出かけたのである。

食卓は真剣な面接会場である

私は念願の映画の仕事ができて嬉しかったと同時に、かなりの戸惑いも覚えた。私とＡはトラットリアでたまに一緒になって言葉を交わすだけの仲で、お互いを深く知っているわけではない。そしてＡと映画監督は数日前に同席しただけで、それまではまったくの他人だ。かなり弱い絆が次々に結びついていって、１か月にわたる海外撮影に発展したのである。私を助手として撮影に同行させることを決めたプロデューサーは不安でなかったのだろうか。

Ａが「こちらのイサオは私の30年来の友人で、信頼できる男です」と推薦したのなら安心だろうが、「いつも行くトラットリアでたまに出会う日本人です」と紹介されて不安を覚えないのだろうか。日本で「この若者は最近通っている居酒屋によく来ています。感じがいい青年なので、海外ロケの助手としてどうですか？」などとオファーしたら、いい加減な奴と思われるだろう。

ところがイタリアではこのようなことがよくある。「友だちの友だちはみんな友だちで、いい奴」という楽天的思い込みがあるのも事実だが、同時に一度食卓を囲んだだけで、ある程度相手の本質を見抜く力を身につけているのだ。イタリアの食卓は3～4時間のフリートークの場なので、注意深く観察すれば、かなり相手の性格や能力を知ることができる。ある意味、食卓は真剣な面接会場でもあるのだ。だから無口に黙っていたら永久に仕事は来ない。自分をアピールする必要があるのである。

もちろん露骨に求職モードに入るとドン引きされる。あくまで食事をしながら楽しい時間を過ごす場なのだから。ただ、楽しみながら自分をさりげなくアピールする、またそれを観察しながらジャッジするといったことをイタリア人は子どもの頃から無意識に行っていて、身につけているのだ。だからイタリア映画を観ているとやたら食卓を囲んでいるシーンが多い。求職だけでなく、恋愛も、友情も、すべてが食卓から始まるのである。

個室がないローマのレストラン

ローマのレストランで驚いたのは、著名人を頻繁に見かけることだ。レストランに行くと政治家、大臣、俳優、タレントなどテレビで見かける顔がゴロゴロしている。ナヴォーナ広場に近い「マイエッラ」レストランには首相がよく来ていたし、パンテオンに近い「トラットリア・ラ・ロゼッタ」という魚料理店では外務大臣をよく見かけた。テヴェレ川に近いトラットリアではロベルト・ベニーニが隣でランチをとっていた。日本だと人目を気にしなくていい個室を利用しそうな人たちだが、普通に一般客と一緒に食べていた。

そもそもイタリアのレストランには、個室という発想がほとんどない。ミシュラン3つ星のレストランでも個室がないところが多い。また個室があったとしても、イタリア人はあまり好まない。レストランは社会的に重要性を持つ場所なので、皆に自分を見せびらかしたいのである。その感覚はオペラハウスと同じだと思う。全盛期のオペラハウスは芸術作品としてのオペラを鑑賞する場である以上に、社交の場であった。だから舞台を取り囲むようにボックス席が配置されていて、観客同士がお互いを観察しやすい構造になっている。舞台鑑賞よりも社交を重視した構造なのだ。近代的劇場では観客全員が舞台に正面から向き合うような一方通行の配置になっているのと対照的だ。

オペラの幕間時間がやたらと長いのも社交重視の表れだ。オペラ観劇においては、そこに来ている観客同士が互いに見せびらかし合うことが重要なのだ。ゆえに着飾って出かけるのである。

テーブルで輝いている私を見て！

オペラ観劇と比べるとやや祝祭度は低いが、レストランにもその感覚が残っている気がする。だからレストランで知り合いを見つけると嬉々として挨拶にいって、ひとしきりおしゃべりを楽しむし、食事をしながら、さりげなく周りの客の観察を怠らない。「食卓という祝祭空間で輝いている私」を見せ合いたいという願望が非常に強いのである。

それは今でもまったく変わっていない。10年ほど前にピエモンテの景色が素晴らしいレストランで食事をしていたら、誰もが知っている有名なサッカー選手が入ってきた。背が高いので非常に目立つ。つき添ってきたのは、当時週刊誌のゴシップ欄を賑わせていた不倫相手とされる女性司会者だ。堂々と席に座り、食事を楽しむ二人にレストランのオーナーもつきっきりなので、否が応でも二人は目立ちまくっていた。

別に何も悪いことをしているわけではないが、当時、二人は関係を否定していたし、絶対に目立つのがわかっていて、あえてレストランに華やかに登場するという発想には驚いた。しかも私の考え過ぎかもしれないが、皆の注目を集めて、二人ともとても嬉しそうに思えた。やはり輝いている私たちを見てほしいのだろう。

レストランで肌感覚をチューニングする

　イタリアでもニュースを聞いていると「景気が悪い」という話をしている。「物価が高くて、次の給料日までお金が持たない。どうすればいいのか」と嘆いている人が登場する。しかし、レストランやピッツェリアに行くと常に満席で、人々は楽しそうにしゃべりまくっている。この矛盾をイタリア人に指摘すると、「イタリア人はどんなにお金がなくても、レストランやピッツェリアで話しまくるという楽しみだけは捨てることができないのさ」と答える。

「美味しい料理を食べる」ことがあきらめられないのではなく、「話しまくる」楽しみを捨てられないのである。

　実際、久しぶりに会った友人たちのテーブルでは、「久しぶりね」「どうしてたの？」「元気だった？」「あの件はどうなったの？」など話が盛り上がって、何を食べるのかという注文がなかなか決まらず、30分ぐらいが過ぎてしまうこともざらにある。お店の人もよくわかっていて、「思う存分話してください」といった感じで、ひとしきり話が終わるまで放っておいてくれる。イタリアのレストランは基本的に1回転しかしない（ピッツェリアは別）ので、急かす必要はないのである。ひとしきり話しまくって、ようやく注文が終わったら、またおしゃべりが再開され、大きな手振り、ゼスチャーを交えての話が盛り上がり、それが3～4時間続く。

ピッツェリアや賑わっているトラットリアは、ロックコンサート会場のようにうるさい。シックなレストランでも大人数のテーブルはかなり賑やかだ。実際、10人以上のテーブルがセッティングされているのを見たら、多くの人が近くに座るのを避ける。会話が困難になるほどうるさくなることを知っているからだ。それでも店は「他のお客様がいらっしゃるので、静かにしてください」などと野暮なことは言わない。客は話しに来ていることをよく知っているのである。

イタリアのようにコネが重要な社会では、鍵となってくれる友人を多く持つことが重要である。そしてコネとして機能するためには、友人との信頼関係を保ち続けることが必要だ。一緒に食事をして、話をすることにより、ある程度同じフィーリングを共有していることを確認できる。「やっぱり彼／彼女は私の友だちだ」という感覚である。他愛のない話をして、楽しい時間を一緒に過ごすだけでいい。それでもある程度同じ価値観をもって生きている仲間であることを直感的に感じ合うことができるのだ。

友人関係のチューニングといってもいいかもしれない。長い間友人に会わずに、このチューニングを怠ると肌感覚が修復不可能なまでにズレてしまって、遠い人になってしまったという印象を受ける。「昔はそんな人じゃなかったのに」となるのだ。そうなるともう頼れる友人ではなく「遠く離れた他人」になってしまう可能性がある。

テーブルで日々チューニング

肌感覚のチューニングに最高の場が食卓である。あくまで「一緒に食べる」ことが目的という建前があるので、どんな話をしても重くなり過ぎないからだ。たとえば政治の話をするにしても、事務所で向かい合って真剣に話すと、互いの立場が正反対の場合は修復不可能なまでに対立する怖れがある。食卓だと一定の段階で、「食事の場なんだから、このあたりでかたい話はやめにしましょう」といった感じでなあなあで済ませることができるのである。

ただ同時に「彼／彼女はこんな感じで物を見ているんだ」ということをインプットできる。その見方に賛同する、しないは別としても、少なくとも相手を正しく理解できるので、それほどズレてしまうことがないのである。

家族も同じだ。毎日一緒に食卓を囲むことにより、小さなチューニングを行うことができる。その日にあったことやニュースについて話し合い、それぞれがその事案に関してどのような見方をするのかを吐露し合うことにより、お互いの考え方が理解できる。異なる考え方をしていた場合は、話し合うことにより互いの立場を理解し合える。それにより大きくズレて、修復不可能な対立を家族内に抱え込むことを避けられるのである。

日本でも古いホームドラマを観ると、一家がちゃぶ台を囲んで、その日にあったできごとや他愛のないニュースについて話し合っている光景がよく出てくる。そんなときに娘や息子が親に反抗するような態度をとったり、親が納得できない行動（親に隠れて異性とつき合うといったようなことでも、昔はもめごとの原因になりえた）をしたことがばれたりして、小さな波風が立つというのはドラマの定番である。

たとえ家族であってもすべてのメンバーがまったく同じ価値観で生きているわけではないので、毎日小さな諍《いさか》いを起こすことにより、お互いの立場を理解し合い、チューニングすることができるのである。それにより決定的な断絶は避けられる。1年に50回近く小さな噴火を繰り返すエトナ火山が、大噴火しないのと同じ理屈である。小さな波風はガス抜きとなるのだ。

ホームドラマに戻ると、食卓で親子が言い争い、娘や息子が食事を放り出して自分の部屋に戻り、大きな音をたててドアを閉めるというシーンもよくある。親子げんかの常套《じょうとう》なのだが、ほとんどの場合、翌朝にはたとえ口をきかなくても一緒に朝食を食べ、親子関係は徐々に修復されていく。チューニングを怠ると、もう戻ることのできない断絶に行き着いてしまうから、家族でも、友人でも食卓を共有することは重要だ。事務的な打ち合わせはオンラインが便利だが、やはりチューニングには生身の接触が欠かせない。

イタリア人が食卓で熱く語らっているのを見ると、コンサートが始まる前にオーケストラがチューニングをしている光景を思い出す。昨日のコンサート前にチューニングしていたとしても、一日経てばまた少しズレてくるので、修正する必要がある。人間関係も同じで、できれば頻繁にチューニングして、メンテナンスすることが好ましいのである。

第 2 章

〝シンプル〟と〝わかりやすさ〟の魅力

トスカーナ

TOSCANA

世界が一瞬で憧れるトスカーナの風景

ローマで暮らしているうちにワインに興味を持ち、ワイナリーを巡るようになった。最初に足を運んだのは、赤ワイン産地として知られるトスカーナだ。美しい風景が各地に点在するイタリアでも、トスカーナは特別だ。どこを切り取っても絵はがきになる風景が広がっている。特にワインで有名なキアンティ地方の田園風景が素晴らしい。なだらかな丘陵にブドウ畑とオリーヴ園がパッチワークのように瀟洒《しょうしゃ》な幾何学模様を描き、それを縁取るように伸びる糸杉並木をたどると、丘の頂上に美しいヴィッラ（主屋敷）が見える。中部イタリアの豊かな太陽の光が降り注ぎ、爽やかな風がやさしく頬をなでる。まさにうっとりとする夢のような楽園である。ハリウッドがこぞってトスカーナをロケ地に選ぶのも理解できる。

ただ、このような美しい風景は自然の産物ではない。長い時間をかけて人間が作り上げてきたものだ。住民の美意識が生んだ産物なのである。イタリアでは風景は住民の共有財産として認識されているので、風景の美しさを乱すような醜い建築物が現れると、住民は我が家が蹂躙《じゅうりん》されたかのように怒る。

イタリア人とドライブをしていて、風景の調和を乱す建物に出会うと、彼/彼女たちは必ず「こんな建物はありえない。建築許可を出した当局が許せない」と嘆く。他人が建てたものだから自分には関係ないという冷めた態度をとることはできないのだ。だからこそ何世紀にもわたり、住民の厳しい視線に耐える美しい風景が作り上げられてきたのである。

なかでも、住民の風景美への執着が特に強いのがトスカーナである。キアンティ地方の美しい田園風景は農園のオーナーの努力の成果であると同時に、それを保持するように強いプレッシャーをかけ続けた住民の美意識の産物でもあるのだ。美観を守るために、州政府も破格に厳しい規制を課している。

キアンティ地方の建物は屋根や壁の色、煉瓦《れんが》の種類に至るまで厳しい制限があり、それを守らないと何一つ建築することができない。キアンティ地方のワイン生産者はよく「改築するにしても、増築するにしても、とにかくお金がかかる。煉瓦一つを補修するにしても、州が業者まで指定してくるんだ」と嘆く。ただ、それにより世界中が憧れる風景が保たれているのである。

トスカーナの風景には、多くの人が一目惚れする。見た瞬間にうっとりしてしまう魅力を持っているのだ。このある種の「わかりやすさ」はトスカーナの特徴でもある。トスカーナの魅力は言葉で説明する必要がない。フィレンツェの街もそうだ。

いろいろな時代が複雑に入り組んで、一見しただけでは魅力を読み解きれないローマやシチリアと異なり、フィレンツェの街は基本的にルネッサンス期の最良の部分が今でもそのまま残っていて、スタイルが統一されている。レオナルド・ダ・ヴィンチやミケランジェロが暮らしていた街並みもこんな感じだったのだろうと思わせてくれる街なのである。この「わかりやすさ」は観光地としてのトスカーナの人気を支えていて、料理やワインにも見られる特徴だ。

おひとりさま歓迎。田園のトラットリア

ワイナリーは基本的に田舎にある。私はしばしば渡伊するが、ワイン産地、ワイナリーを訪問することが目的なので、大都市を訪れることはまずない。ミラノ空港は頻繁に利用するが、ミラノの町にはもう何年も行っていない。ワイナリーを訪問するのに公共交通機関は不便なので、車を運転して行く。訪問するワイナリーの近くに宿をとるので、生産者と一緒に食べないときは、田舎の素朴なトラットリアで食事をすることが多い。

一日の仕事を終えて、寛ぎながら田園でとる夕食は最高だ。週末でもなければ田舎のトラットリアがそれほど混み合うことはない。注文を終えて、ワインのボトルと水がテーブルに置かれると、前菜が出てくるのをゆっくりと待つ。普段は人と食事することが多いので、たまには一人もいいものだ。

ルネッサンスの絵画の背景に描かれているような美しい風景を眺めながら、ワ

インを飲み、ぼんやりしていると、なぜかとても豊かな気持ちになる。食事を運ぶとき以外は完全に放っておいてくれるので、静かにその日にやり終えた取材をまとめたり、明日の計画を立てたりすることができる。

　一皿と一皿の間にはそれなりの時間がかかるので、たとえひとり客でも食事に1時間半ほどはかかる。田舎の店は常連客がほとんどで、カウンターで主人と話し込んでいるのが客なのか、ぶらっと立ち寄った知り合いなのか、店の人なのかはわからない。古いカンツォーネが流れていて、店の人と常連客の会話も心地よいBGMだ。初めての店なのに、どこか懐かしく、何十年も通ってきたような気持ちになる。そんな田舎のトラットリアが大好きだ。

イタリアのおひとりさまごはん事情

イタリアに通い続けて食事情が大きく変わったのは、一人でレストランなどで食事をすることが当たり前になったことだ。１９８０年代は、レストランやトラットリアは家族、友人、カップルで訪れるもので、おひとりさまはまずありえなかった。一人でレストランに座っていると、いつまで経っても注文をとりに来てくれないのでカメリエーレに声がけすると、「お連れ様をお待ちなのかと思っていました」と答えられることが当たり前だった。外食というのはハレの場なので、誰かと出かけるものだという先入観が蔓延していたのである。祝祭空間に一人で参加するのは場違いというわけだ。

幸いこの20年ほどで一人客がずいぶん増えた。３つ星レストランなど美食に特化した店でも、一人客を見かけることが多い。レストランが家族や友人と食卓を共有して、楽しい時間を過ごす場という位置づけから、純粋に美味しい食事を楽しむことも可能な場としても認められるようになったのだろう。

私は職業柄一人で食事をすることが多いので、この状況は大歓迎である。もともと取材をしていれば、一人で食べに行く必要にも迫られるし、昔から気にせずに一人でレストランに行っていた。変わったのは、昔は一人だと「奇妙な奴」といった目で見られていたのが、今は問題なく受け入れてもらえるようになっただけだ。

おひとりさまが飲むワイン

一昨年パリの「ピエール・ガニェール」で、かなりファッショナブルの服装の男性が一人で食事をしてロマネ・コンティを飲んでいるのを見かけた。食事とワインに集中して、とても楽しそうだった。あとで店の人に聞くと、よく来店するらしい。

「ピエール・ガニェール」のように創造力溢れるシェフの料理だと、好き嫌いも分かれるし、一緒に来る人の選択も難しい。料理の感動を共有できないぐらいなら、一人のほうが気楽に楽しめるという気持ちもよくわかる。

イタリアでも一人客を見かけると、どうしても気になって飲んでいるワインをチェックしてしまうが、たいていはかなりいいワインを飲んでいる。一人で来る客は食やワインに興味がある人が多いのだ。

日本は鮨屋でも割烹でも昔から一人客を何の問題もなく受け入れてきた。

イタリアでも会食の楽しみ以外に、おひとり美食の楽しみが市民権を得てきたことはとても嬉しい。

フィオレンティーナで小さな敗北感を味わう

トスカーナ料理は基本的にシンプルだ。

前菜はサラミ、生ハム、ペコリーノチーズなどの盛り合わせを食べることが多い。フィノッキオーナはフェンネル・シードでアロマをつけた豚肉のサラミで、トスカーナの名物だ。トスカーナの生ハムは、デリケートなパルマのものと比べると塩味が強く、ワイルドな味わいだ。両方ともサンジョヴェーゼで造られる若めのワイン（キアンティ）との相性が抜群だ。

もう一つの代表的前菜は、クロスティーニである。クロスティーニというのはパンの上に何かをのせたカナペのような料理なので、何をのせてもかまわないのだが、トスカーナで単にクロスティーニというと鶏のレバーペーストをのせたものを意味する。風味づけにアンチョビとケッパーが使われ、フランスのものとは違う地中海的ニュアンスが加わる。ヴィン・サントという甘口ワインが入るので、少し甘さを感じさせ、やさしい味わいだ。これも赤ワインを呼ぶ料理である。

プリモとしてはスープを食することが多いが、特徴的なのはパンを入れることだ。有名なのはトマトソースにパンを放り込んで煮込んだだけのシンプルなパッパ・アル・ポモドーロ。黒キャベツなどの野菜を煮込んだリボッリータは冬の定番だ。皿の底に置かれたパンが水分を吸うので、スープというより、煮込み野菜のような食感になる。

両方ともトスカーナのオリーヴオイルをたっぷりかけて、食べる直前に胡椒を挽くと味が引き立つ。トスカーナのオリーヴオイルは「ピリピリする」と表される強い味わいのものが多く、アーティチョークを想起させる「青い」味わいが特徴なのだ。リグーリアなど北部のデリケートなオリーヴオイルと比べると優美さに欠けると話す人もいるが、あの強烈な「青さ」はとても魅力的だ。まさにスープのような少しふんわりした味わいの料理にかけると、一気に味が引き締まる。トスカーナの人は肉の上にもよくオリーヴオイルをかけるが、しっかりした味わいのオイルは肉にもまったく負けない。

メインの肉料理がヘビー級なのでパスタは避けたほうが賢明かもしれないが、もしパスタを食べるなら、パッパルデッレと呼ばれる幅広のきしめんのようなパスタがいい。卵入りの手打ち生麺で、猪や野ウサギのラグーなどジビエ系の重いソースがよく合う。重量感があるのでメイン料理として食べる人もいる。

メインは、肉のシンプルな炭火焼きであることが多い。真骨頂は有名なビステッカ・アッラ・フィオレンティーナ（フィオレンティーナ・ステーキ）だろう。2人前で1・5kg（骨を含めて）という巨大なTボーンステーキで、厚みがないとうまく焼けない（4～6cmの厚みが必要とされる）ということで、1人前では注文を受けつけてくれない店がほとんどだ。

フィオレンティーナに使う牛はキアニーナ（キアーナ牛）であるべきだとされていて、多くの店がメニューにキアニーナと記載しているが、実はアルゼンチン産やスペイン産であることが多い。キアニーナは名声高いが、農作業に使われていた役牛なので、かなり肉が硬い。しかもトスカーナはあまり肉の熟成をしないので、肉の硬さに正面から向かい合うことになる。口の中でとろけるようにやわらかい和牛とは対極に位置する牛肉で、破格の咀嚼力が要求される。

フィオレンティーナは祝祭感抜群の料理だ。厚手の本のような巨大なステーキが木皿にのせられ食卓に運ばれてくると、いやがうえにも盛り上がる。店の主人が切れ味抜群の大きなナイフを振るって目の前で切り分けてくれる。

大人数の会食だとテーブルの各所にフィオレンティーナが置かれ横にローストポテト、インゲン豆を茹でたもの、生野菜のサラダなどが何皿も添えられる。あっという間にさまざまな方向から手が伸びて、肉と野菜がなくなっていく。

男女を問わずイタリア人の咀嚼力は抜群で、驚くほどのスピードで肉が片付けられていく。そのスピードにまったく追いつけない私はいつまでも肉を噛み続けていて、会話に参加できない。しかも同席者が3切れ片付ける間に、私は一切れしか食べられていないのだ。フィオレンティーナを食べると、いつも小さな敗北感を味わう。私が敗北感を感じるために嬉々として出かけていく店が、モンタルチーノのサンタンジェロ・イン・コッレという小さな村にある「トラットリア・イル・ポッツォ」だ。素朴な地元料理が美味しい人気店で、ピンチ（またはピーチ）と呼ばれるかためのうどんのようなパスタにミートソースをかけたものも美味である。ただなんといっても、王様はビステッカ・アッラ・

フィオレンティーナで、ここのものはまさにトスカーナらしく「戦いがいのある」ビステッカ。敗北するのがわかっていても挑戦心をかき立てられる。同じ村にあるライバル店「トラットリア・イル・レッチョ」のフィオレンティーナも美味だが、こちらはもう少し「文明化」されていて上品だ。好みが分かれるところだが、トスカーナらしさを満喫したいのなら「イル・ポッツォ」だろう。

焦げ具合も味もストロングな炭火焼き肉

フィオレンティーナが気合いの入った日のメイン料理だとすると、もう少し日常的なメイン料理が炭火焼き肉の盛り合わせである。田舎の素朴なトラットリアの定番メニューだ。豚肉、羊肉、仔牛肉、サルシッチャ（豚肉をミンチにしてハーブなどと腸詰めしたもの）などを炭火で焼いただけの料理だ。特徴的なのは少し焦げていることと、塩味が強いことだ。しかも田舎に行けば行くほど、焦げ具合も塩味も強くなる。どんどん〝ストロング〟な味わいになっていくのである。

トスカーナにヴィーノ・ノビレ（高貴なワイン）という赤ワインで有名なモ

ンテプルチャーノという村がある。ルネッサンス期の建築が美しい村で、「小フィレンツェ」と讃えられている。私がトスカーナに通い始めた1980年代に、地元で大人気のトラットリアがあり、そこの名物が炭火焼き肉の盛り合わせだった。最初に私を誘ってくれた友人は「絶対にいい服を着てこないで」と釘を刺した。

煙まみれになって服についた匂いがとれなくなるからである。狭い店内は満席で、テーブルとテーブルの間隔は狭く、気をつけて着席しないと、隣のテーブルのワインを倒してしまいそうなほどの賑わいだった。メニューの数は少なく、ほとんどの客がサラミと生ハムを最初につまんで、いきなり肉の盛り合わせに突入していた。山のように盛られた肉は、今ではありえないほど焦げていて、塩味がとても強かった。ただ、肉の品質は抜群で、本当に美味しかった。

トスカーナのパンは塩を使用しないので、料理の塩分が強めでも、パンと食べると気にならない。ワインの選択肢もなく、全員がハウスワインである赤ワインを飲んでいた。サンジョヴェーゼという土着品種を使って造られる赤ワインで、タンニンと酸が強いのが特徴だ。店の主人の友人が造っているというかなり粗い味わいのワインだったが、不思議と料理に合っていた。

とにかく肉の量が半端じゃないので、店を出た頃には動けなくなるほど満腹になっていた。食事代は驚くほど安かった。冷たい夜風がとても心地よかった。あの店の素朴で、ストレートな味わいの少し荒々しい料理は、今でもトスカーナ料理の原型として私の記憶の中に強く残っている。

トリッパならトスカーナ

トスカーナに行くと必ず食べるメイン料理がトリッパ・アッラ・フィオレンティーナ（フィレンツェ風トリッパ）である。イタリアに数多くある内臓料理の中でも最も知られたものの一つだ。牛の第2胃袋＝ハチノスをトマトと野菜で煮込んだ料理だ。長時間煮込むことでやわらかくなったトリッパの濃厚な味わいとトマトの爽やかさが溶け合っていて、実に味わい深い。最後にパルミジャーノチーズをかけるとさらにパンチの効いた味わいとなるし、トスカーナの香りの強いオリーヴオイルをかけると生き生きとした味わいとなる。これも赤ワインが進む料理だ。

トスカーナは牛の第4胃袋＝ギアラを煮込んだランプレドットも有名で、パニーノに挟んで食べられることが多い。フィレンツェの街角にはランプレドットを売るキッチンカーがいくつもあり、まさにこの町を代表するストリートフードである。寒い冬の朝に熱々のランプレドットを挟んだパニーノを頬張るととても幸せな気持ちになる。塩・胡椒が強いのもいかにもトスカーナ料理らしい。プラスティックのコップに注がれた安物の赤ワインもとても美味しく思える。

ローマの人が昔はカステッリ・ロマーニの白ワインしか飲まなかったように、トスカーナの人は地元の赤ワインしか飲まなかった。前菜からメインまで常に同じ赤ワインを飲んでいた。食べる料理が変わっても飲むワインはいつも同じだ。菰《こも》に包まれた独自の丸みあるフィアスコボトルに入れられたキアンティである場合もあるし、叔父さんが造った素朴な赤ワインである場合もある。どちらにしても1980年代頃までは色々な種類のワインを飲むという発想があまりなかった。日本人が家で飲む番茶の銘柄を変えないのと同じである。一度、満足すれば、それをずっと買い続けて、何の不自由も感じない。イタリアの食卓では、ワインは番茶のような飲み物なのである。

貴族がもてなすシンプルで豊かなテーブル

トスカーナのワイン生産者には貴族が多い。フィレンツェの貴族のほとんどがキアンティ地方に農園を所有して、ワインを造っている。キアンティ地方はフィレンツェとシエナの間に広がる美しい丘陵地帯だ。ここで造られるキアンティ・クラッシコはトスカーナで最も優美な赤ワインの一つで、酸が生き生きとしたフレッシュな味わいで、上品なミネラルが感じられる。

貴族が所有している農園は規模が大きい。農園の中にはオリーヴ園もあり、昔は折半耕作人が住んでいたボルゴと呼ばれる小さな村がいくつもある。ワイナリーの規模が大きいという意味では、ボルドーに似ているかもしれない。農家がワインを造る小規模なワイナリーが多いピエモンテがブルゴーニュに似ているのと対照的だ。

ワイナリーを訪問すると生産者と一緒に食事をすることが多いが、トスカーナのワイナリーにはちゃんとした料理人がいて、ワイナリー内で食事をご馳走になることが多い。ピエモンテはワイナリーの規模が小さいので、訪問客に食事を提供できる設備はなく、レストランで外食することが多い。

だからトスカーナのワイン産地には素朴なトラットリアはあっても、あまりいいレストランはない。ワイン生産者が来てくれないからである。一方、ピエモンテのワイン産地には星つきレストランが数多くある。生産者が訪問客と頻繁に訪れるので、経営的にやっていけるし、刺激となるのでレベルが上がるのである。

キアンティ地方の貴族の食卓であるが、意外に素朴だ。食堂の内装や食器は歴史を感じさせるもので、サービスをしてくれる執事は恭《うやうや》しいが、食事自体はシンプルなものだ。前菜、パスタ、肉料理の3皿構成で、それぞれに合わせたワインが提供される。最後はカントゥッチ（アーモンド入りのかたいビスケット）とヴィン・サント（陰干しブドウで造る甘口ワイン）というお決まりである。野菜は自家菜園のもので、卵は飼っている鶏が産んだものであることが多く、食材は良いものが使われている。ワイナリーによっては鶏肉や牛肉も農園で飼育されていたものということもある。

ブドウとオリーヴの楽しみ

キアンティ地方のほとんどの農園にはブドウ畑以外にオリーヴ園もあるので、ワイン生産者のほとんどがオリーヴオイルを生産している。それを試すのはワイナリーにおける食事の楽しみの一つだ。

ブドウとオリーヴは湿気が少ない丘陵地帯を好み、乾燥した気候に強い。ブドウがうまく育つ場所は、オリーヴにとっても理想的環境なのだ。だから優れたワインを造る生産者のオリーヴオイルは間違いなく美味しい。しかも同じ農園で造られるワインとオリーヴオイルには共通した個性が感じられる。特に好きなのは標高が高い丘陵のオリーヴオイルで、香り高く、エレガントだ。フレッシュなオリーヴオイルをパンにかけただけでも、どんな複雑な料理より美味しく感じられる。ワインを一口飲むとさらに美味しい。トスカーナはシンプルな料理が最も美味しく思える地である。

引き寄せられてしまう町の香り

ニンニクと唐辛子を炒めるオリーヴオイルの香りを嗅げば、ローマに戻ってきたと思う。ローマだけでなく、南イタリアの多くの町で感じる香りだ。レストランというよりも夕食を準備している一般家庭から漂ってくることが多い。アリオ・オリオ・エ・ペペロンチーノを作っているのではなく、料理の下準備をしているのだろう。南イタリアではどんな料理を作るにしても、まずニンニクと唐辛子を炒めるところから始めるものが多い。そこに食材（肉、魚、野菜など）を放り込んで、トマトソースで煮込めば、何となく南イタリア料理っぽくなる。昆布と鰹節の出汁で煮ると和食っぽくなるのと同じだ。

京都の祇園を夕刻に歩くと、出汁の香りが漂ってくる。昔は白い調理服を着た若者が、自転車でお茶屋に料理を届けている光景もよく見かけた。

街中で独自の食文化が息づいているのを見ると、とても豊かな気持ちになる。

サラミと炭火の香りはトスカーナのエッセンス

フィレンツェの街を歩いていると、どこからともなくサラミと炭火の香りが漂ってきたものだ。夕刻になるとその香りはさらに強くなる気がした。ディナー営業の準備のために、炭火に火を入れるのだろう。サラミや生ハムの少しスモーキーな香りと、炭火の香ばしい香りが食欲を刺激して、ついつい引き寄せられるようにレストランに入ってしまうこともあった。

町にはそれぞれの香りがあるが、私にとってフィレンツェはサラミと炭火焼きだ。トスカーナの人は調和がとれたシンプルさを好む。ごちゃごちゃしたバロック的なものはあまりお好きでない。ミニマリズムの美学といっていいかもしれない。

カットしただけのサラミと炭火で焼いただけの肉。それでも食材が素晴らしければ、最高の料理となる。食材をこね回す必要はないのだ。その意味でサラミと炭火の香りはトスカーナのエッセンスを表している。

第 3 章

幸せの記憶を呼び覚ますラザーニャ

エミリア

EMILIA

悪魔の揚げパンとバターとクラテッロ

イタリア人に美食で知られる場所はどこかと尋ねると、多くの人がエミリア地方と答えるだろう。ここを貫くエミリア街道は古代ローマ時代から重要な街道で、今は美食街道とも呼ばれている。

脂っこい豊かな料理で知られるボローニャ、ザンポーネやコテキーノ、そしてバルサミコ酢で知られるモデナ、レッジョ・エミリア、生ハムで知られるパルマ、そしてピアチェンツァと食に興味がある人なら誰もが訪ねてみたい美食都市がずらりと並んでいる。ちなみに州はエミリア・ロマーニャ州になっているが、エミリア地方とロマーニャ地方は歴史も文化も異なり、食もまったく違うので、ここではエミリア地方だけを取り上げる。ローマとミラノを結ぶ主要高速道路A１がちょうどエミリア街道沿いに走っているので、イタリア国内を移動するときによく通る。夕刻になるとモデナやパルマで泊まって、食事をしようという話に必ずなる。それほど魅力的な場所なのである。

このあたりはパルマの生ハム、サラミ、ジベッロのクラテッロなど豚肉を塩蔵した食品がとにかく美味しいし、どこに行っても出てくる。この地域のワイナリーを取材すると、ワイナリーごとにお皿に山盛りの生ハムなどが出て、一日中生ハムを食べていることになる。トラットリアでも座ればまず生ハムとクラテッロとサラミである。しかも生ハムの真ん中に必ずバターが置かれていて、それをパンに塗って、生ハムを挟んで食べる。至上の味わいではあるのだが、カロリーはさぞかし多かろうと想像する。しかも普通のパンでなくて、ニョッコ・フリットという揚げパンの場合が多い。

揚げパン、バター、クラテッロという組み合わせは悪魔的美味しさで完全に中毒になる。これでもかとカロリーを重ねてくる地方なので、初日でもうダイエットはあきらめることになる。

同じ生ハムでもトスカーナやアブルッツォのものはいかにも塩漬けといった無骨な味わいで、それはそれで田舎パンに挟んでパニーノにして食べると美味しいし、軽めの赤ワインに合う。一方、パルマの生ハムは非常にデリケートで口の中でとろけるような繊細さが身上だ。トスカーナの生ハムが「塩辛い」と形容されるのに対して、パルマの生ハムはイタリア語で「甘い」と形容される。だからタンニンが強いがっちりした赤ワインは合わない。この地方の名物のランブルスコ（果実味豊かな弱発泡性赤ワイン）か白ワインだろう。フランチャコルタのような瓶内二次発酵スパークリングワインにも驚くほど合う。

生ハムの王様と讃えられるクラテッロ・ディ・ジベッロは豚のお尻の部分を膀胱で包んで熟成させる生ハムの一種で、適度に乾燥した風で熟成させるパルマの生ハムと違って、湿った環境で熟成させる。ジベッロ村周辺が産地だが、このあたりはポー川に近く、冬は霧がよく出る。霧の多い年はクラテッロが美味しくなるとされている。熟成させている部屋にワインを撒いて湿度を与えることも行われる。

クラテッロは陰影に富んだ香りで、極端にデリケートな味わいなので、非常に薄くスライスして、すぐに食べる必要がある。昔はジベッロに行くとクラテッロの塊を買っていたが、家では薄くスライスできないので、今はもうあきらめて、現地で楽しむことにしている。

生ハムやサラミやクラテッロにはジャルディニエーラと呼ばれる酢で漬けた野菜（ピーマン、カリフラワー、セロリ、ニンジン、プティオニオンなど）が添えられることがあり、爽やかさを加えてくれる。

卵入り手打ちパスタ一筋

パスタは、圧倒的に卵入り手打ち麺だ。軟質小麦と卵で打つので、やわらかく、歯切れがよく、香り高い。このパスタ生地（スフォリアと呼ばれる）を使って、さまざまな魅力的なパスタ料理が生み出される。

最もシンプルなのは生地を細長くカットしただけの平麺タリアテッレで、ボロニエーゼ（ボローニャ風）と呼ばれるミートソースで和えて、パルミジャーノをたっぷりかけて食べる。シンプルだが、豊穣さを象徴する料理だ。生ハムと生クリームで和える場合もある。

生地をカットしないで大きな長方形のまま茹でてベシャメルソース、ミートソース、パルミジャーノ、バター（とにかくあらゆるところにバターを使用する）を重ねてオーブンで焼くとラザーニャになる。日曜によく作られる料理で、幼年期の幸せな記憶を呼び覚ましてくれるというイタリア人が多い。

パスタ生地に肉やチーズを詰めて包むトルテッリーニ、アノリーニ、カッペッレッティなどの詰め物パスタは、最もエミリア地方らしい料理だ。ソース（バターとサルヴィア（セージ））、トマトソースなど）をかけて食べることもあるが、圧倒的に多いのがスープに浮かべるというものだ。レストランやトラットリアだとこのスープの質が店の評判を決める。和食の出汁のように重要なのである。最高品質は去勢鶏からとったスープで、その場合はメニューに明記されている。詰め物パスタはイタリア各地にあるが、スープの品質はエミリア地方が群を抜いている。

トルテッリはサイズが大きめでちょうど餃子ぐらいになる。詰め物はチーズとほうれん草、4種類のチーズなどが多い。カボチャとアマレッティを詰めたトルテッリも名物で、これは塩味と甘味が混ざる独自の味わいだ。少しルネッサンス期の料理を想起させる。

スパゲッティなどの乾麺の伝統はエミリア地方にはなく、リゾットもあまり食べられない。基本的に卵入り手打ちパスタ一筋である。

温かな幸せに浸れるトラットリア

メイン料理に目を向けると、こってりとした肉料理の祭典である。エミリア地方にあっさりとした料理は存在しない。たとえば仔牛のカツレツにしてもミラノ風（コトレッタ・アッラ・ミラネーゼ）は仔牛のカツレツの肉を薄くたたいてパン粉をつけてバターで揚げ焼きにしたもの（これだけでも日本人にとっては十分に脂っこい）だが、エミリア地方ではボローニャ風（コトレッタ・アッラ・ボロニェーゼ）となり、ミラノ風カツレツに生ハムとパルミジャーノをのせてオーブンで焼くという「これでもか」という濃厚ヴァージョンになる。

こってりした料理の極めつきは、ザンポーネとコテキーノだろう。豚足、軟骨、三枚肉など脂の多い部分を詰めたサラミで、茹でてから食べる。コラーゲンたっぷりで、ねっとりとした味わいだ。大晦日の夜にレンズ豆と一緒に食べる習慣がある（これはイタリア中に広がっている）が、日頃はバターたっぷりのポテトピュレを添えたりしているのだから驚く。

シンプルな豚や仔牛のローストでも、南イタリアだとニンニクとオリーヴオイルで比較的あっさり仕上げるのに対して、エミリア地方ではバターを使ってこってりと仕上げる。一事が万事「脂っこさ第一主義」なのである。

典型的なスイーツは、日本でも見かけるズッパ・イングレーゼだ。アルケミスというリキュールに浸したサヴォイアルディ（またはスポンジ）、カスタードクリーム、チョコレートクリームを重ねて、冷やした甘美なお菓子だ。シンプルだが、それぞれのバランスが難しく、モデナでは「ズッパ・イングレーゼを食べれば、トラットリアのレベルがわかる」とされている。

ダイエットに注意している人は、そもそもエミリア地方には近づかないほうがいい。オペラ歌手ルチアーノ・パヴァロッティはモデナ出身で、地元料理をこよなく愛した人だったが、あの巨体は長年のエミリア料理の成果である。私はダイエットをしていないが、カロリー過多は避けたいとは思う。それでも一年に一度はエミリア地方に行って、あの豊潤で、温かい料理に浸ってみたい、羽目を外してみたいという願望を抑えることができない。

できれば冬の霧が深い夜がいい。外はしんしんと寒くても、ぽつんと灯りがともったトラットリアに入ると、賑やかで幸せな喧噪が満ち溢れている店が理想だ。そんな店でエミリア料理を満喫すると、幸福の意味がわかるような気がする。

マンマのマリオーラとフィリオのクラテッロ

というわけで、私は一年に1回パルマ郊外にある「カンパニーニ」という店を訪れる。作曲家ヴェルディが生まれたロンコレ村のすぐ近くだ。生ハム、サラミを売っている店であると同時に、トラットリアでもある。入り口にあるショップでは職人である息子が作った生ハム、クラテッロ、サラミを購入することができる。これが絶品である。奥にあるキッチンではマンマと姉、妹が地元料理を作っている。トラットリアの売りものは前菜の生ハム、サラミ、クラテッロであるが、パスタも肉料理も美味しい。いつも満席で、予約しておかないとまず入れない。

息子は生ハム、クラテッロ、サラミに並外れた情熱を持っていて、いろいろ

と試食させて、解説してくれる。これが素晴らしい体験で、美味しいクラテッロなどを試食できるだけでなく、現地の人たちがどういう点を評価しているのか、どのようなクラテッロを上質と考えているのかなどがわかるので、とても勉強になるのだ。

もちろん日本人である私が、現地の人の価値観を盲目に信じる必要はない。ただ、やはり製品が生まれる現地の価値観を知ったうえで、自らの判断を下したほうがいいとは思う。ある種の謙虚さは、食においても必要である。

息子の講義をひとしきり聞いた後は、トラットリアに移って、クラテッロ、バター、揚げパンにかぶりつき、マンマの手打ちパスタで作られたアノリーニが入ったスープを楽しむ。メインはいつもマリオーラを食べる。コテキーノのような料理だが、地方によって形と名前が異なるようだ。飲むのは当然ランブルスコだ。

支払う額は驚くほど少ない。こんな店が近所にあればいいと思う。辺鄙《へんぴ》な田舎にあるこのような名店に出会うと、イタリアの地方の豊かさを実感する。

フェッラーリが生涯愛したランブルスコ

濃厚で脂っこい料理で知られるエミリア地方にはどんなワインが飲まれているのかというと、意外に濃厚な赤ワインではなく、ひたすらランブルスコである。ランブルスコは弱発泡性赤ワインで、外国では甘口のものも流通しているが、現地で飲まれているのは辛口だ。さまざまな種類があるが、基本的に、チャーミングな果実味を持ち、軽やかで、飲み飽きせず、どんな料理にも合う。理想的なデイリーワインである。

タンニンもそれほど強くないので、パルマの生ハムやクラテッロといったデリケートな料理にも合うし、泡があるのでザンポーネのような濃厚な料理の脂もきれいに流してくれる。しかも価格が破格に安い。

バローロやブルネッロは偉大なワインだが、食事中にワインが足りなくなったときにもう1本注文するとなるとついつい財布を考えてしまう。その点ランブルスコはほとんど水を注文するような感覚で、もう1本注文しても何も心配する必要がない。アルコール度数も低いので、少々飲み過ぎても重く感じることはない。食卓における満足、幸福度ということを考えたとき、ある意味で理想的なワインなのではないかと思う。

現地人のランブルスコ愛も激しく、ルチアーノ・パヴァロッティは世界中のどこで公演するときもランブルスコを持参したというし、エンツォ・フェッラーリも生涯ランブルスコを飲み続けたという。エミリアにはランブルスコしか飲まないという人も多くいるが、それもとても幸せなことだと思う。

品種が何か、どんな香りか味わいかなどを論じる以前に、本来ワインは食卓を共有する幸せの象徴であるべきだ。ランブルスコはまさにそのようなワインなのである。

第 4 章

人々の知恵が詰まった 奥深い一皿

ヴェネト

VENETO

しみじみするポレンタ

ヴェネト州を考えるときは、常にヴェネツィアと内陸部の農村地帯を分けたほうがいいが、それは食文化についてもあてはまる。東方貿易で栄えたヴェネツィアは西洋と東洋を結ぶ門で、世界中からさまざまな食材やスパイスが到着し、それらの影響を受けたフュージョン的料理が発達した。それに対して内陸部は保守的で、農村の食材を利用した家庭料理が中心だ。ヴェネツィアを中心とするアドリア海側は魚介類もよく食べられるが、ヴェローナを中心とする内陸部は肉料理が中心だ。

私はワインの仕事をしているため、圧倒的に内陸部、特にヴェローナ周辺との縁が深い。その関係もあって内陸部の農村料理がとても好きだ。イタリアの中でも最も家庭料理という言葉が相応《ふさわ》しく、強い風味や尖った味はいっさいなく、しみじみと「美味しい」と思える料理が多い。

内陸部の料理を中心に見てみると、ポレンタが多く食べられてきたことがわかる。ポレンタはコーンミールを粥状に煮た料理で、できたてをとろりとした状態で食べることもあれば、冷めてかたくなったポレンタを餅のような大きさに切って焼いて食べることもある。昔は小麦が食べられない貧しい農民の主食だったが、今では郷愁を呼び起こす地元料理だ。

前菜だとソプレッサというサラミとポレンタ、チーズとポレンタ、キノコとポレンタ、ラディッキオとポレンタなどポレンタの前菜ばかりが並んでいるトラットリアもある。南イタリアの人が北イタリアの人を軽蔑して呼ぶ（普通は逆のほうが多いが）蔑称に「ポレンタ野郎（ポレントーネ）」というのがあるが、それも宜《うべ》なるかなといった印象である。

ところでこのソプレッサという太めのサラミが実に美味しく、あれば必ず頼んでしまう。3か月ほど熟成させているのだが、とてもやわらかく、生っぽさが残っていて、豚の旨み、甘味がストレートに感じられる。胡椒やニンニクの効かせ方が控えめなので、やさしい味わいだ。ポレンタと食べても美味しいし、パンに挟んでも最高だ。まさにサラミの王様といった感じで、ヴァルポリチェッラのフレッシュな赤ワインのグラスがどんどん進む。

パスタ・エ・ファジョーリが恋しくなる季節

本来はヴェネツィア料理だが、今ではヴェネト州全体で広く知られるようになっているのがサルデ・イン・サオールだ。これは鰯の南蛮漬けである。揚げた鰯とタマネギを酢とオイルに漬けるだけの料理だが、干しブドウの甘味と松の実が加わるのが、どこか東洋風だ。シチリアにも鰯のベッカフィーコという料理があり、ここでも干しブドウと松の実が使われる。北アフリカからきたアラブの影響と、東方からきたアラブの影響がイタリアの南と北に別々に残っているというのは、文明の移動の痕跡を見るようで興味深い。作りたてよりも翌日のほうが美味しくなる料理である。

プリモで圧倒的存在感を示しているのが、パスタ・エ・ファジョーリだ。茹でたインゲン豆をタマネギ、セロリ、ニンジンなどのみじん切りと炒めて、スープで煮て、そこにパスタを入れて一緒に食べるというだけのシンプルな料理だ。イタリア中で食べられているが、ヴェネトのものは特に美味しい。その理由の一つはインゲン豆の半分ぐらいを裏ごしするために、全体がピュレのような食感になっていて、濃厚な味わいが楽しめることである。また茹でたパスタをスープに入れるのではなく、インゲン豆を茹でたスープ（半分は裏ごし済み）に直接パスタを入れて煮るので、パスタがスープの旨みをたっぷり吸うし、スープはさらにとろりとした食感になる。使われるパスタは、タリアテッレを短く切ったもののような卵入り手打ち麺が多い。パンチェッタ、ラルド、生ハムの骨といった豚の脂を入れて「補強する」ので、さらに深みのある味わいとなる。食卓でオリーヴオイルをかけて、黒胡椒をたっぷり挽くというのが典型的な食べ方だ。

パスタ・エ・ファジョーリを運んできたカメリエーレが不注意か、または横着で、オリーヴオイルとペッパーミルを持ってこなかったら、素早く「オリーヴオイルと胡椒を持ってきてね」と注意しよう。「こいつわかってる」といった感じで、態度を改めることは必至である。ピュレのようになっているので、オリーヴオイルをかけても液体に溶けて薄まることはなく、オリーヴオイルの芳《かぐわ》しい風味がそのまま残り、口中で一緒に楽しめるのが素晴らしい。オリーヴオイルはガルダ湖かヴァルポリチェッラのエレガントなものがいい。

パスタ・エ・ファジョーリは体が温まるので、典型的な冬の料理だ。ブドウの収穫が終わり、秋も深くなった頃に、「そろそろ今年もパスタ・エ・ファジョーリの季節が来たね」といった感じで準備を始める。日本でいうと粕汁に似た季節感かもしれない。

ワイン産地として有名なヴァルポリチェッラ地区の著名ワイナリーが集まるフマーネ村に「エノテカ・デッラ・ヴァルポリチェッラ」というトラットリアがある。丁寧に作られた家庭料理が素晴らしく、ワインリストも充実していて、生産者の集まりの場となっている。私も大好きな店で、ヴァルポリチェッラに行くと訪れるが、2024年の10月初めにランチを食べに行ったときにインゲン豆がキッチンに置かれていたので「今日はパスタ・エ・ファジョーリがありますね」と驚喜すると、「今晩から始めるのよ」との答え。

大いに失望して、その後に会った生産者に嘆きまくると「あなたもパスタ・エ・ファジョーリが好きなのね。わかるわ。その気持ち」といった感じで慰めてくれる。地元の人もパスタ・エ・ファジョーリ愛が強く、私がその仲間だというだけで評価が高くなるのである。少なくとも大阪で「たこ焼きが好き」という程度の効果はあると思える。

ヴェネトらしいアスパラのリゾット、繊細なトルテッリーニ

ヴェネト料理は、米もよく使う。ピエモンテのカルナローリ種に対して、ヴェネトにはヴィアノーネ・ナーノという有名な品種がある。こちらのほうがスープを吸いやすいので、ねっとりとした味わいになりやすい。どこで食べてもリゾットははずれがない。ヴェローナでは有名なアマローネのリゾット（陰干しブドウで造るアマローネというワインを使ったリゾット）で人気が高いが、その歴史は比較的浅い。毎年春にヴェローナでイタリア最大のワイン見本市ヴィーニタリーがあるので、私も出かけるのだが、春先の名物がブルスカンドリ（野生のホップの新芽）のリゾットだ。つくしのような形で苦味がある野菜で、リゾットにするととても「大人の味」になる。野生のアスパラのリゾットも、バッサーノ・デル・グラッパ村名物の白アスパラのリゾットも美味しい。

リゾットではないが、最もヴェネトらしい料理はリージ・エ・ビージだろう。

これは米（絶対にヴィアノーネ・ナーノ）とグリーンピースを一緒に煮た料理だが、特徴的なのはリゾットとミネストローネなどのスープの間の水気具合であることだ。リゾットよりはスープに近く、ミネストローネとしてはスープが少ないという微妙な着地点なのだ。最後にバターとパルミジャーノを入れるのはリゾットと同じで、それなりに濃厚な味わいとなる。シンプルだが体が温まり、美味しい。

ヴェローナの南西27キロにあるヴァレッジョ・スル・ミンチョ村はトルテッリーニで知られる村である。村にはトルテッリーニを売る店がいくつもあり、多くの人が村のトラットリアやレストランにトルテッリーニを食べに押し寄せる。トルテッリーニはバターとサルヴィアで和えるか、スープに浮かべて食べる。薄い生地で肉を包んだ小さなトルテッリーニは繊細で、味わい深い。この小さな村にトルテッリーニ目当ての観光客が大量に押し寄せる様は印象的で、「村おこし」の大成功例として知られている。

ビゴリというやや太めのスパゲッティのようなパスタも名物だ。軟質小麦、卵、塩、水で作られ、卵は使用しない人もいる。表面がざらざらしているのが特徴で、ソースによく絡む。昔はそば粉を使ったこともあるそうだ。

典型的なソースは鴨のラグーである。これは鴨を茹でたスープでビゴリを茹でるというこってり系の料理だ。ヴェネト州の料理は鴨、家鴨《あひる》、鶏をよく使用するが、これらは総称して「中庭の動物」と呼ばれていて、昔、農家が中庭で飼っていて、特別な機会があれば、食料にしていた名残である。

よりシンプルなビゴリは鰯ソースのビゴリで、缶詰のアンチョビをオリーヴオイルで温めて、ビゴリを和えるだけの料理だ。イタリア南部のアリオ・オリオ・エ・ペペロンチーノのスパゲッティのような感じで、時間がないときに作られることが多い。唐辛子の粉を散らす、パン粉を散らすなど工夫すると簡単にワンランク上の味わいになってくれるのが嬉しい。

メインディッシュはほどほどにストロング

メインディッシュで有名なのはポレンタ・エ・オゼイといって小鳥をラードで巻いて串焼きにしたものとポレンタを一緒に食べるという農村料理だ。昔はトラットリアで見かけたが、最近はめったに見なくなった。

ヴェネツィア発祥でイタリア中に広まったのがヴェネツィア風レバーだ。仔牛のレバーをタマネギと炒めることにより、臭みを消して食べやすくなるので人気が高い。昔は豚のレバーを使っていたそうだが、味わいがあまりに〝ストロング〟なので、徐々にマイルドな仔牛のレバーに変わったそうだ。

バッカラ・マンテカートもヴェネツィア起源だが、ヴェネト全土で食べられている。水で戻した干鱈をローリエと茹でて、それをオイルで和えながら激しく混ぜ合わせて濃厚なクリームのような食感にもっていくという料理である。パンにのせたり、焼いたポレンタにのせたりして食べられる。もともとはヴェネツィアの居酒屋（バーカロ）のおつまみ（チッケット）だったが、今はメインとしても食べられている。

内陸部のヴィチェンツァではヴィチェンツァ風バッカラが有名だ。これは干鱈をミルクで煮てパルミジャーノ（このあたりではパルミジャーノ・レッジャーノではなく、グラーノ・パダーノが使われるが味は似ている）で味を調えたものだ。干鱈料理の中では濃厚な味わいである。その他に前記した鴨、家鴨、鶏のローストなどは普通によく食べられる。

働き者たちが造るフードフレンドリーなワイン

ロミオとジュリエットの街として知られるヴェローナはしっとりと落ち着いていて、どこかロマンチックな雰囲気のある町だ。徒歩で簡単に一周できる規模も親しみやすい。美味しいレストランも多く、ワインバーとしても知られる「ボッテーガ・デル・ヴィーノ」は、地元料理と百科事典のように厚いワインリストで有名だ。今はアマローネの著名生産者の協会が所有していて、品質も安定している。

ヴェローナ中心にある「トラットリア・アル・ポンピエーレ」は店に入ると数十種類の生ハム、サラミ、ハム類がぶら下がっていて、客を出迎えてくれる。その中から適当に見繕ってもらい前菜として楽しむ。料理は伝統的な地元料理で、安定感抜群である。チーズもハム類と同じぐらい種類が多い。すべてワインが進む料理だが、ワインリストも素晴らしい。

ヴェネト州の人はイタリアでも酒好きで知られ、盃を酌み交わすということが社会的に重要と考える人たちである。一人当たりの酒量も多いし、酒に強い。ヴェネト州のワインが美味しいのは自分たちの口に合うワインしか造らないからだとされている。ヴェローナ県にはヴァルポリチェッラ、ソアーヴェ、バルドリーノ、クストーザなど有名なワインが数多く造られているが、どれもフードフレンドリーで、飲みやすい（いわゆる何杯でも飲める）ワインである。

ヴェネトの人は働き者だ。パンクチュアルな人が多い。日本人としてはとてもつき合いやすい。ところが南イタリア人に言わせると「ヴェネト人は仕事、家庭、教会だけで、遊びがなくて退屈。融通が利かない」などと非難されている。仕事熱心で何が悪いのか私には理解できないのだが、価値観は人それぞれなの

だろう。

ヴェネツィアで有名なのがバーカロと呼ばれる居酒屋（ほとんどは立ち食い）でチッケッティ（単数形だとチッケット）と呼ばれるおつまみだ。バッカラ・マンテカート、生ハム、サラミ、海老などさまざまな食材をパンにのせただけのシンプルな料理だ。これを2、3個つまみながらプロセッコ（フレッシュで、軽やかなスパークリングワイン）や白ワインを飲み、次の店に移って同じことを繰り返すというのがヴェネツィア風はしご酒だった。今は完全に観光化していて、バーカロも観光客向けにフォアグラをのせて高価格をとったり、高いワインを置いたりしている。これもオーバーツーリズムの弊害の一つだろう。

第 5 章

地味だが一度行ったら離れられない

ピエモンテ

PIEMONTE

すべて控え目。でも奥深い前菜たち

ピエモンテはイタリアの産業の中心地の一つであり、州都トリノにはイタリアを代表する自動車メーカーのフィアットの本社がある。1861年にイタリアを統一したサヴォイア王家はピエモンテ出身で、トリノは一時期イタリア王国の首都でもあった。サヴォイア家の王宮や街のシンボルであるモーレ・アントネッリアーナ（ドーム型の屋根の上に尖塔がある建物）など観光名所も多い。

イタリアにおける映画発祥の地でもあり、モーレ・アントネッリアーナ内には国立映画博物館もある。2006年に開催されたトリノ冬季オリンピックを記憶されている方も多いだろう。州の北と西にはアルプスが連なり、晴れた日には雪をいただく山峰が真珠の首飾りのように連なって見えて、とても美しい。

このように見所満載のピエモンテなのに、日本からの観光客は少なく、知名度も低い。ピエモンテの生産者はいつも「日本人はミラノ、ヴェネツィア、フィレンツェ、ローマ、ナポリには行くが、トリノには来てくれない」と嘆く。

その理由はずばり地味だからである。ピエモンテの人は派手なこと、目立つことが嫌いだ。イタリア南部の人が派手好きなのと対照的である。建物も煉瓦色の地味なものが多い。華やかさに欠けるのである。

風景もトスカーナのように一目でうっとりする、わかりやすい美しさではなく、常に霧がかかっていて、少し神秘的だ。何度も通っているとその魅力にとりつかれて、離れられなくなるのだが、とっつきが悪いのだ。これは美術、ワイン、食事などすべてに共通していて、いぶし銀のような渋い魅力を湛えているのだが、見せびらかさないので、初心者にはわかりにくい。

すべてが控えめなのである。ただ、南イタリアの過剰なバロック（ナポリ、レッチェ、ノートなど）に酔った後に、ピエモンテに行くと、その落ち着いた風情に心を癒やされる。「声高に叫ばなくても、わかる人はわかってくれるだろう」といった奥ゆかしさが好ましく思えるのだ。

ピエモンテの人は酸っぱいのが大好き

ピエモンテは偉大なワイン産地で、バローロ、バルバレスコ、ロエーロ・アルネイス、ガーヴィ、バルベーラ、ドルチェットといった著名なワインが造られる。必然、私も訪れる機会が多い。しかも10年間『ガンベロ・ロッソ・レストランガイド』の覆面調査員をしていたときにピエモンテを担当していたので、ずいぶんいろいろなレストランを訪問した。

今でもピエモンテ料理は大好きで、ピエモンテを訪れる機会があるとわくわくする。よくいわれることだが、ピエモンテ料理は隣接するフランスの影響を強く受けている。バターを多用するし、準備に時間がかかる料理も多い。南のようにニンニクと唐辛子をオリーヴオイルで炒めて、食材とトマトを放り込んだらそれでおしまいといった料理（それはそれで美味しいのだが）は少なく、丁寧に手間をかけて準備されたものが多い。

特筆すべきは前菜が充実していることだ。前菜を5〜6種類食べて、そこで終わりになることも珍しくない。パスタやメインディッシュまでとてもたどり着けないのである。店側もそんな事情は百も承知なので、何の問題もなく受け入れてくれる。

前菜の筆頭はユッケに似たカルネ・クルーダだ。仔牛肉を細かく切り刻んで、塩と胡椒で味つけして生で食べる料理で、レモンやオリーヴオイルで味を調えることもある。仔牛はピエモンテ特産のファッソーナ種を使うのがマストとされる。脂の少ない部位を選んでいるので、とてもやわらかく、デリケートな味わいで、いくらでも食べられてしまう。ほとんどのトラットリアが提供している料理で、フルーティーで酸が控えめな白ワインのアルネイスや、親しみやすい理想的デイリー赤ワインのドルチェットと最高に合う。

ペペローニ・リピエーニはピーマンにツナ、アンチョビ、ケッパーを詰めた料理だ。ピエモンテ名産の肉厚のピーマンは甘く、ツナやケッパーのやや尖った味とうまく調和する。グリッシーニをかじりながら食べると最高である。

ヴィテッロ・トンナートも絶対に見逃せない。香味野菜と一緒に茹でた仔牛肉を薄く切り、その上にツナとアンチョビを入れたやわらかいマヨネーズのようなソースをかけて食べる。魚と肉は合わないように思えるが、仔牛はあっさりした味わいだし、ツナもソースの一つとしてそれほど自己主張が激しくないので、うまく溶け合っている。仔牛肉の量に対して明らかに多過ぎるツナソースが添えられているので、皆ソースをパンに塗って食べている。これがツナマヨサンドのようで美味しい。よく冷やした白ワインがどんどん進む。

日本のポテトサラダによく似たインサラータ・ルッサも前菜の定番だ。小さなサイコロ状にカットしたジャガイモ、ニンジン、グリーンピースを茹でて、ゆで卵とマヨネーズで和えたものだ。日本のポテトサラダと比べると酢が少し強い気がする。

ピエモンテの人は酸っぱいものが好きなのだ。ピエモンテのワインはほとんどがかなり酸っぱくて、昔は国際的に受けなかった。今では人気が高い高級ワインであるバローロやバルバレスコも酸が強いし、地元で圧倒的に人気が高い赤ワインのバルベーラはさらに酸っぱい。白ワインでもエルバルーチェ、ティモラッソなどは酸が強烈だ。

料理にも酢が多く使われるが、酸っぱい料理の極めつきがカルピオーネである。今は前菜として出されることが多いが、メインとしても通用する。冷蔵庫がなかった時代に、農家が食料を保存するために編み出した素朴な料理だが、とても味わい深い。レシピは簡単で、揚げたり、焼いたりした肉、魚、野菜を白ワインヴィネガーと白ワインを合わせたマリネ液に漬け込むだけ、南蛮漬けの一種である。マリネ液にはサルヴィアやローリエで香りがつけられている。

よく使われるのがズッキーニと鶏の胸肉だが、目玉焼きも定番だ。スローフードが生まれたブラ村でスローフード国際部と同じ建物にある「オステリア・デル・ボッコンディヴィーノ」の中庭席でズッキーニ、鶏、目玉焼きのカルピオーネを食べたことがある。初夏の爽やかな一皿だった。白ワインヴィネガーを使うので、酸がやや刺々《とげとげ》しく、シャープな味わいになるのが、いかにもピエモンテらしかった。鰻《うなぎ》、鯉《こい》、鱒《ます》などもよくカルピオーネにされる。酢の強い風味が鯉や鰻の泥臭さを隠して、美味しくしてくれるのである。

冷たい前菜を2、3種類食べたら、次は温かい前菜だ。絶対にあるのは野菜のスフォルマートだ。これは茹でた野菜を細かくするか、潰すかして、チーズ(リコッタやパルミジャーノ)、卵を混ぜて、それを型に入れて、オーブンで焼いたものだ。季節の野菜を使うので、アーティチョーク、ほうれん草、ピーマンなどどんな野菜でも対応できる。これにはチーズを溶かしたソース(フォンドゥータ）が添えられることが多い。使われるチーズはラスケーラ、フォンティーナ、タレッジョなどさまざまだ。野菜もチーズも料理をする人が市場と相談しながら自由にアレンジできるのだ。

ピエモンテでしかお目にかかれない、私が大好きな前菜がバツォアである。これは長時間茹でてやわらかくなった豚足をバターでフライにするという前菜だ。コラーゲンたっぷりの豚足のトロトロ食感とカリッと揚げられた衣のサクサク感のコントラストが面白い「ヘビー級」の前菜だ。イタリア各地にある貧しい部位をうまく利用した料理で、非常に美味しい。赤ワインとの相性は抜群である。

ピエモンテ人と食事をしていると、これらの前菜が次々に5〜6品出てくることも珍しくない。前菜が変化に富んでいて、美味しいので、それだけで満腹になっても幸せである。

祝祭感いっぱいの白トリュフのタヤリン

豊富な前菜を食べ、それでも胃に余裕があればパスタも素晴らしいものがある。まず絶対に食べたいのはタヤリンである。卵入り手打ち麺なのだが、卵の黄身が異常に多く使われている。普通は100gに全卵1個なのだが、タヤリンは100gに黄身3個である。黄身4個という強者《つわもの》もいる。だから香り高いし、口当たりがやわらかく、デリケートな味わいとなる。色も濃い黄色で、否応なく祝祭感が盛り上がる。

貧しかった時代に、タヤリンは日曜日の象徴だった。平日は野菜を中心とした粗末な食事をしているが、せめて日曜ぐらいは小さな贅沢をしたいということで、飼っていた鶏が産んだ卵をふんだんに使ってタヤリンを作ったのである。

ソースはウサギのラグー、仔牛のラグー、サルシッチャのラグーが多いが、アスパラやキノコなどともよく合う。もっとも贅沢なのは白トリュフで、タヤリンをたっぷりのバターで和えて盛りつけ、テーブルで白トリュフを削る。タヤリンの熱で、白トリュフの香りが華やかに昇り立つ。

タヤリンは農民のささやかな祝祭料理なので、今でも大皿で食卓に持ってきて、それを各自の皿に分けるというやり方が正式とされる。食べきれないほどの量を茹でているので、1巡目を食べ終わったら、2巡目のオファーがくる。「もう少しいかがですか?」といった感じで。1巡で終わりでは寂しいのだ。「今日はせっかくの日曜なのだから」。昔はこれでよかった。日曜に食べ過ぎても、平日は粗末なのだから、太ることはない。ところが現在のイタリアのレストランは、昔は日曜にしか食べなかった料理と量を毎日提供してしまっている。食事に関して「毎日が日曜日」状態になってしまったがゆえに、カロリーオーバーになってしまうのである。

タヤリンが東の横綱なら、西の横綱はアニョロッティ・デル・プリンだ。これは小さなラヴィオリの一種で、3種類のロースト肉(仔牛、豚、ウサギ)が詰められている。ローストのグレイビーソースやバターとサルヴィアで食べるのが一般的だが、トマトソースの場合もある。詰め物が3種類の肉なので、ソースなしでも十分に美味しい。実際アル・トヴァリオーロ（ナプキン包み）といって、茹でただけのアニョロッティをナプキンに包んでそのまま食べてもらうという「ショー」をする店もある。「うちのアニョロッティはソースなしで純粋な味を楽しんでください」というわけだ。誇りと自信に満ちた「どや」感が嫌みではなく、むしろ微笑ましく私は好きだ。アニョロッティは指先ぐらいの小さなサイズなので、このやり方だといくつでも食べられてしまう。軽めの赤ワイン（ドルチェットやバルベーラ）と最高だ。

濃い濃いバターとチーズが効いたリゾットとニョッキ

ピエモンテはリゾットも美味しい。著名な米の品種カルナローリの産地である。リゾットに合わせる食材は季節によってアスパラガス、グリーンピース、ラディッキオ、チーズなどさまざまだ。ただあくまで主役は米なので、極端な言い方をすれば合わせる食材は何でもいい。あくまで米の旨みに集中したい。ピエモンテのリゾットは米の外側はクリーミーで、芯の部分は少しかたさが残って香ばしく、まず外れることがない。バターが美味しい州であることも、リゾットが美味しい理由の一つである。

もう一つ、バターの美味しさをいかした料理がニョッキである。ジャガイモと小麦粉を混ぜて作るニョッキはイタリア中で作られている庶民パスタだ。南部だとトマトソースなどで食べることが多いが、ピエモンテではバターたっぷりで和えて、そこにチーズが加わる。カステルマーニュがよく使われるが、ラスケーラの場合もある。大雑把な言い方をすれば、濃厚な味わいのチーズなら何でもいいのだ（もちろんそれぞれ好みは分かれるが）。

おなじニョッキでも南はトマトソースでさっぱり食べるし、北は生クリーム、バター、チーズで濃厚になるのである。

完璧なロースト、煮込み、串焼きの肉祭り

前菜を5〜6品も食べれば、パスタまでたどり着くのがやっとだろうが、メインも魅力的なものがずらりと並ぶ。名物中の名物はブラサートである。牛肉の塊を野菜と一緒にマリネして煮込んだものだ。高級ワインであるバローロを使って煮込んだブラサート・アル・バローロが最高とされる。

特徴的なのはワインだけで煮込む（デミグラスソースなどを使わない）ので、ワインの酸味がそのまま残ることだ。日本人的にはけっこう「酸っぱく」感じる味わいである。日本で食べるビーフシチューのようにまろやかな味わいにはならない。好き嫌いが分かれるポイントである。この「酸っぱい」ブラサートはバローロ、バルバレスコなどの酸とタンニンが多いワインと実にうまくマッチする。ピエモンテ人の味覚には一貫性があるのだ。

個人的にピエモンテで楽しみにしているのは、山羊や仔羊のローストである。

バローロ、バルバレスコの産地の南にはアルタ・ランガ地方と呼ばれる高台が広がっていて、そこで山羊や羊の放牧が行われている。ちなみにアルタ・ランガ地方はチーズが美味しいことでも知られ、ロビオーラ・ディ・ロッカヴェラーノが有名だ。最近は優れた瓶内二次発酵スパークリングワイン、DOCGアルタ・ランガも話題になっている。

ピエモンテではメニューに「アルタ・ランガの山羊のロースト」「アルタ・ランガの仔羊のロースト」と記載されていて、これを見ると思わず飛びついてしまう。伝説のシェフであるチェザレ・ジャッコーネの山羊の串焼きは最高だった。香ばしくかつ瑞々しく、凝縮感のある味わいだった。これを食べるためにアルバレット・トッレという不便な村の「ダ・チェザレ」に何度通ったことか。今は息子のフィリッポが父の後を継いで頑張っているらしい。

山羊や仔羊は肉がパサついてしまったら終わりで、ジューシーさを保つことが美味しさの秘訣である。だから火の通し方が難しい。チェザレはその点完璧だった。山羊には絶対にバローロが合う。

古き良き時代のディープなメイン

もう一つディープなメインディッシュがフィナンツィエーラである。仔牛のリドヴォー、レバー、ロニョン（仔牛の腎臓）、鶏のトサカなど内臓を煮込んだ料理で、ここにも酢が入り、マルサラで風味づけをする。これも庶民料理で、内臓の新鮮さが味を決める。今はミシュラン2つ星になったチェルヴェーレ村の「アンティカ・コローナ・レアーレ」のフィナンツィエーラが絶品だった。現オーナーの父レンツォ・ヴィヴァルダは、毎朝フィナンツィエーラのための内臓をきれいに掃除していた。なんでも自分でしないと気が済まない古いタイプのシェフなのだ。私はそんな店が大好きだ。

ピエモンテの究極の祝祭料理にフリット・ミストがある。これは最初から最後までフリット（揚げ物）を食べ続けるというもので、リドヴォー、ロニョン、レバー、仔牛の脳みそ、仔羊、鶏、ソーセージ、野菜（ズッキーニなど）、リンゴなどさまざまな素材が揚げられて出てくる。使用されるのは良質のオリーヴオイルにバターを混ぜたもので、バターが加わることにより濃厚さが増す。

まさに祝いごとがある日のための豪華（食材は高価なものではないが）な料理

である。昔は予約すればレストランでもやってくれたが、面倒なので断る店がほとんどになった。そんななかロエーロ地方のプリオッカ村にある「チェントロ」というレストランでは1月〜3月まで予約すれば今でも食べられる。予約が殺到するので、かなり前に予約する必要があるが、古き良き時代のピエモンテを満喫することができるだろう。

みんなで盛り上がるボッリート・ミスト

一つのテーマを追求するという意味では、もう一つ絶対に見逃せない料理がある。ボッリート・ミストだ。さまざまな種類、部位の肉を一緒に茹でて、目の前で切り分けて食べるというこれも「盛り上がる」料理である。ピエモンテだけでなく、エミリア・ロマーニャ、ヴェネトなど北イタリアの広い範囲の名物料理でもあり、それぞれ地方によってソースや使われる部位が微妙に異なる。

ボッリート・ミストは準備が大変なので、今では家庭ですることは珍しい。一般のレストランがこの料理を提供することも少なくなった。ボッリート・ミストはそれを売りにしている店があり、食べたくなったらそこに行くというのが普通である。ボッリート・ミストに使われる部位は牛のスジ、タン、頭、かたい部位、テール、去勢鶏、コテキーノなどで、塊を長時間茹でる。

レストランではワゴンで客の前に持ってくるが、大きな金属製容器の中には茹で汁が張られていて、その中から塊の肉を大きなフォークで突き刺して引き出し、まな板の上で包丁を使って切り分ける。湯気と素晴らしい香りが立ち上り、食欲全開となる。まさに冬の料理である。「おでん」に似ているとされることもあるが、肉々しい料理なのでちょっと違う。味わいとしては野菜の入らないポトフに近い印象だ。

添えられるソースはピエモンテではサルサ・ヴェルデ（パセリ、ニンニク、アンチョビ、ケッパーなどをみじん切りにしてオリーヴオイルで和えたもの）、サルサ・ロッサ（トマト、ニンニク、タマネギ、ピーマンを主体にしたソース）、ホースラディッシュのソースが使われることが多い。この3種類のソースはわりとさっぱり系なので、ボッリート・ミストのこってり感、コラーゲンたっぷり感を和らげてくれる。

エミリア地方やロンバルディアでは、クレモーナのモスタルダ（マスタード）

を添えることも多い。これはマスタード風味のシロップに果物を漬けたもので、洋梨、チェリー、桃、リンゴ、アプリコット、無花果《いちじく》などが使われる。果物とシロップの濃厚な甘さとマスタードのピリッと辛い味わいが混ざる食べ物でボッリート・ミストだけでなく、チーズに合わせても美味しい。

近代ヨーロッパ料理は基本的にデザート以外に砂糖を使わず、塩味と甘味を一緒に料理しない。クレモーナのモスタルダは例外だ。それ以外にもエミリア地方からロンバルディア州（クレモーナやマントヴァ）にかけては塩味と甘味をぶつける料理が残っていて、その好例がカボチャのトルテッリだ。これはカボチャのピュレを詰めた大きなラヴィオリに、バターとすりおろしたパルミジャーノ・レッジャーノをかけて食べる濃厚な料理だが、詰め物にアマレッティという焼き菓子を細かくしたものを入れることが多い。カボチャの自然な甘味、アマレッティのどこかエキゾチックな甘味、バターの甘味、パルミジャーノ・レッジャーノの強い塩味が強いコントラストを作りつつも渾然一体となり、実に魅惑的な料理だ。

このような料理は甘さと塩味が分離していなかった時代を想起させるルネッ

サンス的味わいだ。どこかゴンザーガ家の宮廷を感じさせる料理なのである。

さてボッリート・ミストに話を戻すと、ヴェローナではさらに濃厚なソースが添えられる。ペアラだ。これは牛の骨髄とパン粉を煮込んだもので、もとは農民がクリスマスや日曜に用意した貧しいソースだが、今はチーズやたっぷりの胡椒を入れる「金持ちヴァージョン」が主流になっている。

ボッリート・ミストはそれだけでも脂っこく、重い料理なのに、さらにそこに骨髄を加えるという感覚はやや理解に苦しむが、これも「日曜ぐらいは動けなくなるほどの満腹感を味わいたい」という貧しかった時代の「弾ける日曜日」という願望が生み出したソースなのであろう。

ボッリート・ミストの聖地へ

ボッリート・ミストは儀式性の強い料理で、正式に行うには7部位の肉の塊、7種類の内臓など、7種類のソースを用意する必要があり、つけ合わせ野菜もポテト（茹でたポテトを使う地方とポテトピュレを使う地方がある）、パセリと炒めたキノコ、甘酸っぱく漬けたタマネギ、バターで炒めたほうれん草など、7種類決められている。しかも途中に豚のロース肉のローストとブロード（コンソメのようなスープ）を挟むという「絶対に食べきるのは無理」なルールが決められているのである。

当然、現在はレストランでもこのような「完全版」を行うところはなく、肉は内臓も合わせて全部で5〜6種類、ソースは3種類ぐらいという「簡易版」で提供している。レストランにふと入って「あら、ボッリート・ミストがあるから食べましょう」となることは少なく、ボッリート・ミストは最初からみんなでそれを食べ行く料理である。しかもボッリート・ミストで有名な店は大きな町にはなくて、わりと辺鄙なところにある場合が多いので、ちょっとした遠足のようになる。山陰や越前の民宿に蟹を食べに行くような感覚だ。

ピエモンテでボッリート・ミストを食べに行こうといったときによく出てくるのがカッルー村である。アルバの町から小1時間のドライブだ。カッルー村では12月に伝統的なブーエ・グラッソ（太った牛）祭りが行われる。これはピエモンテ種の牛の体重と美しさを競うお祭りで、参加者はブーエ・グラッソを使ったボッリート・ミストを楽しみに押し寄せる。早朝からボッリート・ミストを食べている人もいる。太らせるために去勢したピエモンテ種の雄牛は体重が1トンを超すこともあり、白い巨体は壁のようだ。肉はやわらかく、深みのある味わいだ。

カッルーはこのお祭りで有名になったので、ボッリート・ミストを専門にしている店がいくつかある。「トラットリア・ヴァシェッロ・ドーロ」「リストランテ・アル・ブーエ・グラッソ」などが有名だ。人口4500人ほどの小さな村だが、ボッリート・ミスト好きにとっては聖地である。これらの店を訪れる客はほとんどがボッリート・ミストを注文するので、前菜のサラミや生ハムをつまんでいる間にも、先に入った客のテーブルでは肉が切り分けられているのが見えて、気分が浮き立つ。

いよいよワゴンが私たちのテーブルに来て「どの部位になさいますか？」と尋ねられる。一瞬迷うが、どの部位も捨てがたいので、結局は「全部を少しずつ」などと陳腐な答えになってしまう。後はひたすら肉と向かい合うだけである。食卓にはすでに3～5種類のサルサ（ソース）とつけ合わせ野菜が並んでいる。ボッリート・ミストに使われるのは脂やコラーゲンが多い部位なので、冷めてしまうと美味しくなくなるから、熱いうちに食べきったほうがいい。赤ワインをどんどん流し込みながら、肉を次々に片付けていく。

部位ごとに味わいが異なるので飽きることはない。ソースを変えたり、シンプルにオリーヴオイルだけで食べてみたりして、味変を楽しむ。食べ終わった後の征服感と満腹感は破格である。とても満たされた幸せな気持ちになる。帰りのドライブの車内にもその高揚感は持ち越され、会話が弾む。一年に一度のボッリート・ミストは友人たちと絆を確かめ合う貴重な機会である。

軽やかでデリケートなザバイオーネ

デザートで代表的なのはボネと呼ばれるココアプリンで、材料に使われるアマレッティがマジパンのような風味を生み出している。ほとんどのトラットリアが提供しているデザートである。ザバイオーネもピエモンテの名物だ。卵の黄身に砂糖とマルサラ酒やヴィン・サントなどを加えて、かき混ぜながら煮詰めたとろりとしたクリームである。メレンゲなどを添えて提供されることが多い。

ピエモンテの微発泡性甘口ワインであるモスカート・ダスティを使用する

ヴァージョンは軽やかで、デリケートだ。ザバイオーネは滋養強壮に効くとされていて、「最近あなたは元気がないからザバイオーネでも食べなさい」などと栄養ドリンクのように扱われることもある。私の友人も病み上がりにザバイオーネを食べて見事に回復した（と少なくとも彼は信じている）。

家庭料理のスペシャリテ

ピエモンテの料理は素晴らしいが、変化には乏しい。飽きもせずに同じメニューを食べ続けている。この章で紹介したピエモンテ料理もフリット・ミスト、ボッリート・ミスト、フィナンツィエーラ、バツォア以外は普通に家庭で作られているものだ。それをトラットリアでも、レストランでも提供しているのだ。革新的料理を提供する一部のレストランを除くと、高級レストランでもこれらの家庭料理の「上等ヴァージョン」を出しているし、客も「せっかく高級レストランに来たのだから、日頃食べられないメニュー（たとえば魚料理など）を食べよう」とはならず、毎日食べている料理を注文している人が多い（特に年配の方）。日本の食が「目先を変える」ことに熱心なのとは対照的である。

イタリアで運転！　マニュアルVSオートマ

田園地帯にあるワイン産地を訪問するには車しか交通手段がない。イタリアで運転するのは決して簡単ではないが、必要に迫られてもう40年近く運転をしている。最初にイタリアで運転を始めたとき大いに戸惑ったのは、オートマ車がまったくないことだった。少なくとも１９８０年代はゼロに近かった。タクシーも、ハイヤーもすべてマニュアル車だった。

驚いて友人に尋ねると、「オートマなんて運転したくない。絶対マニュアルよ」との答え。

これもいつものことだが、オートマを運転したことがあって、マニュアルを好んでいるのではなく、マニュアルしか知らないからマニュアルがベストだと思い込んでいるというパターンである。ただ皆がそう思い込んでいるので、オートマ車は売ってないし、手に入れることは至難だった。レンタカーでもよほど高い価格帯の車以外はマニュアル車だった。必然、マニュアル車を運転するようになった。もちろん少し慣れれば別に難しいことはなく、むしろ「ドライブの楽しみ」という点ではマニュアル車のほうが上だ。

特に丘陵地帯のワイン産地のように車が少なく、アップダウンやカーブが多い道路は頻繁にギアを変えながら、加速を繰り返すと本当に運転が楽しい。何よりも自分の好きなギアを選んで走っているという充実感がある。カーブに入る前に「次のカーブは急で、すぐに上り坂になりそうなので、ここは減速して、ギアをセカンドに入れて一気に加速しよう」といった具合に運転自体がゲームのように楽しいのだ。

オートマだとA地点からB地点に行く必要な手段といった意識で運転するが、マニュアルだと「道を攻める」という興奮がある。だからぼんやり考えごとをしたり、よそ見をしたりする暇はなく、運転に集中できる気がする。

高齢者のブレーキとアクセルの踏み間違いによる事故が日本では問題になっているが、イタリアではまったく聞かない。高齢者はマニュアル車世代なので、今でも慣れたマニュアル車を運転するから、この種の事故が起きにくいということ

ともあるかもしれない。ただ運転に能動的に取り組んでいることとも、この種の事故を防いでいるような気がする。高齢者の横に座って見ていると「よし。ここでバックして、切り返して、左に出よう」とか「ここは狭くて難しいよな」とかよく独り言を言っている。

運転をA地点からB地点に移動するために避けられない手段と受動的に捉えるのではなく、その過程自体をゲームのように楽しんでいたマニュアル車世代特有の感覚がプラスに働いているのかもしれない。

ところが2000年頃からイタリアでもオートマ車が普及し始めた。自動車メーカーの国際化や外国でオートマを運転した人が「やっぱり楽よね」と考えたのが理由かもしれない。イタリアには、丘の上にあり急な坂道が多い村がいくつもある。歩くのも困難なほどの急な坂道で、マニュアル車で坂道発進をするのはかなり難しい。こんな場合は絶対にオートマが楽である。また大都市は渋滞が酷いので、進んでは止まりを繰り返すときにマニュアルは疲れる。

ということで私はオートマ到来を大歓迎したのだが、驚いたのは10年前に「絶対マニュアルしか運転しない」と高らかに宣言していたイタリア人が次々にオートマを購入していたことだ。「やっぱり楽だしね」と。変わり身の早さも才能の一つだと感心した。

ルール破りの連帯感

よく「イタリアで運転するのは大変でしょう？」と気遣われるが、いくつかの点に注意すれば、なんとかなるものだ。

まず、とんでもない車（暴走する、乱暴な運転をする）がたまにあるので、その場合はすぐに脇に寄って、やり過ごす。そうしないと確実にあおり運転をしてくるので、こちらも危険な目に遭う。またワイン産地でよくあることだが、私以外の運転手は毎日その道を走っていて、どこにカーブがあるのか、次は坂なのかなどを知り尽くしているために、必然かなりのスピードで走ってくるというパターンである。しかもイタリア人の場合は目的地までの所要時間を計算するときに、不測の事態はまったく起こらず、障害は何もないという超楽観的予測で計算するので、私のように慣れない車が前を走っていると「なんだ。時間に遅れてしまうじゃないか」ということになって、煽ってくる。この場合もやり過ごすに越したことはないのだが、田舎の山道にはそもそも路肩に停める場所もないことが多い。その場合は数少ない直線部分で減速して、やり過ごすのが賢明だ。

一見乱暴に見えるイタリア人の運転だが、不測の事態に対する対応能力は高い。たとえば私が入ってはいけない場所に間違って入ってしまったり、相手に優先順位があるのに私が先に行ってしまったときなどは、手を挙げて「なんて奴だ」というゼスチャーをしながらも巧みに危険を避けてくれる。イタリア人はルールをあまり守らないが、相手も守らないものだと考えているので、ルールを破る奴が現れてもちゃんと対応できるのである。杓子定規でないのだ。

それと正反対なのがフランスである。フランスでは皆がルールを守るべきだという認識が共有されているので、道路でもルールを守らない奴には容赦がない。一例として、高速道路では走行車線と追い越し車線がある。これは日本も同じだ。本来、車は走行車線を走るべきで、追い越し車線は追い越すときだけに使用して、追い越しが終わったら速やかに走行車線に戻るというのが規則だ。

日本では高速道路が非常に混んでいるので、走行車線と追い越し車線の両方が走行車線化しているため、追い越し車線を走り続ける車が多い。ただヨーロッパは都市部を別とすれば、それほど混んでいないので、この「追い越しが終わったら走行車線に戻る」というルールを守ろうと思えば、守ることは十分に可能だ。ところがイタリアではほとんど守られていない。追い越しが済んでも、追い越し車線を走り続け、自分よりさらに速い車が後ろから煽ってきたら、走行車線に戻るといった感覚だろう。

フランスの高速道路ではかなり守られている印象を受ける。それどころか、イタリア人が運転する車（私は助手席にいた）が追い越し車線に居座っていると、隣の車が「走行車線に戻れ」とゼスチャーで指示してきた。これはかなり新鮮な驚きだった。

イタリアではルールを破っている奴に対する基本的姿勢は「放置」で、まず文句を言う人もいない。それどころか、しばしばシンパシーを覚えている節がある。「そうですよね。私もそのルールはよく破ります。お互いさまです」といった感じで。ルール破りの変な連帯感があるのだ。

アルプスを隔てただけで、ずいぶんメンタリティーが異なるものだと感心する。だからフランスでルールを破ることは危険である。ヨーロッパは信号の代わりに、ロータリーが数多く設置されている。ロータリーの規則は「先にロータリーに入っている車が優先」というものである。ロータリーに進入しようとする車は、ロータリー内を走っている車が途絶えるまで待つ必要がある。

ところが、イタリア人はわずかな隙があると進入しようとして、ロータリー内を走っている車が急ブレーキを踏まざるをえないという事態がよく起きる。もちろん規則違反なわけで、ロータリー内を先に走っている車は「なんてことをするんだ！　馬鹿野郎！」と罵って、ゼスチャーで抗議しているが、それでも急ブレーキで対応して危険は避けてくれる。「こんな奴＝ルールを守らない人もいるものだ」という考え方に慣れているからだ。ひょっとしたら自分も同じことをしているのかもしれない。

同じことをフランスですると極めて危険である。イタリア人とフランスに行ったときに、彼がわずかの隙を突いてロータリーに進入しようとするから「やめとけ」と助言したが、言うことを聞かない。そうすると先にロータリー内を走っていたトラックは急ブレーキを踏むどころか、加速してきたのである。

誤解を恐れずに極端な言い方をすれば「ルールがあるのだから、それを守らない奴は破壊してもいい」という発想である。ルールをきっちりと守ろうという姿勢と、ある種の不寛容は表裏一体だと思った。その友人も懲りたようで、その後は少なくともフランスではちゃんとルールに従って運転してくれている。どちらがいい悪いではなく、考え方の違いである。それを理解していると、運転もスムーズにいく気がする。

景気が悪くたってピッツェリアはいつも満席

皆がルールを破ることを前提に動いているから、不測の事態に対処できるイタリア人について述べたが、経済不況についても似たようなことがいえる。イタリアは長い間、国が分裂していたので人民は豊かではなく、イタリア王国が誕生して統一された後も不況に苦しみ、3000万人近いイタリア人が海外に移民した。いわば経済がうまくいかないことに慣れているのだ。その中でうまく立ち回り、生き延びていく術《すべ》を身につけてきた。だから少々の不況が訪れても、「へたる」ことはなく、陽気に生活を楽しめるのである。経済指標は悪くてもいつもピッツェリアは満員だし、皆楽しそうだ。「すべてがうまくいかない」ことに慣れているのだ。

イタリアのワイン生産者と話をすると、この2年ほどのドイツ市場の冷え込みが激しいという。コロナ渦から立ち直りつつあると思ったら、ウクライナ戦争、中東紛争と立て続けに近くで戦争が起こり、インフレが進み、ヨーロッパ経済は決して好調ではない。

ただイタリア人なら「そんなこともあるさ」と軽く流せるのだろうが、そのワイン生産者によると「経済が好調であることが当たり前だったドイツでは、ちょっとでも不況の兆しがあると、すぐに閉じこもり、消費が一気に冷え込んでしまう。危機に慣れていないんだ」との分析。危機的状況が日常化しているイタリアは免疫があるが、完璧が日常化しているドイツは、危機に対する免疫がないとのこと。これもまた、それぞれの国の特徴を捉えていて面白い。

第 6 章

地中海文明と食をたどる

シチリア

SICILIA

「すべてが今のままであり続けるためには、すべてが変わる必要がある」

仕事でもプライベートでも、縁が深いのがシチリア島である。

イタリアで10年間『ワインガイド』の仕事をしていたときはシチリアを担当していたので、毎年夏になると、長期滞在して、シチリアのワインをすべて試飲した。試飲会場は最初の数年はパレルモだったが、その後はカターニア郊外のシェラトンホテルになった。その関係でシチリアのワイナリーを数多く訪問したし、生産者とも公私にわたって深いつき合いをするようになった。今でも年に数回はシチリアを訪れる。最も愛着を持っている地かもしれない。

初めてシチリアを訪れたのは1980年代の半ばだった。パレルモ空港に降り立ったときの衝撃は忘れない。そこにはイタリア半島とはまったく異なる荒々しい風景が広がっていた。赤茶けた大地に緑は少なく、強い太陽に焼き尽くされたかのように荒れ果てて見えた。マカロニ・ウェスタンに出てきそうな風景だと思った。同時に、原始的で雄大な風景でもあり、大きなエネルギーを感じさせた。

私はシチリアにすっかり魅了されてしまった。ヨーロッパという概念からはみ出した別世界で、コントラストが強烈で、この島ではすべてが劇的だ。パレルモの街を歩くと、映画『山猫』で描かれたような貴族的なシチリアではなく、剥き出しで生々しいシチリアが目の前にあった。それは活気に満ち、色彩豊かで、一筋縄では読み解けない複雑な世界であった。

よくいわれることだが、シチリアはあらゆる文明の影響を受けてきた。地中海のど真ん中に位置する、地中海最大の島なので、戦略的に重要だ。だから古代からあらゆる文明がこの島を手に入れようとした。フェニキア人、ギリシャ人、古代ローマ人、ビザンチン、イスラム、ノルマン、フランス、スペインとさまざまな民族と文明がこの島を支配した。

シチリアはそれらの民族や文明の影響を受け、文化、習慣を取り入れながら、独自の文化を形成してきた。同じ地中海に浮かぶ大きな島であるサルデーニャ島が外からの文化を断固と拒否して、頑なに自分たちのアイデンティティを守り抜いたのと対照的に、シチリアは他の文明の影響を受け続けることにより、深いところで自分たちのアイデンティティを守り抜いた。

『山猫』の主人公の「すべてが今のままであり続けるためには、すべてが変わる必要がある」という有名な台詞は、シチリア人の哲学を見事に表現したものとされている。

表面上はすべてが変わり、新しい支配者の文化を受け入れているように見えるが、奥では何も変わっていないし、永久に変わることがないだろう。シチリアは永久にシチリアのままだという宿命論だ。シチリア人の深いところを貫いている諦念であると同時に、甘い怠惰な悲観論で、この島の文化に深い陰影を与えている。

食の時間旅行

島を支配した民族の影響は、シチリアに重層的に残っている。アグリジェント、セリヌンテ、セジェスタには古代ギリシャの神殿が残っているし、イスラムが支配した時代のモスクは原型を留めたままキリスト教の教会に改築されている。シチリア州議会があるノルマン宮はその名の如くノルマン王朝が建てたものだし、その中にあるパラティーナ礼拝堂にはビザンチン様式の壮麗なモザイクがある。シチリアを旅することは、何千年にわたる地中海文明を旅することでもある。

それは食文化にも当てはまり、それぞれの文明が痕跡を残してきた。古代ギリシャ時代にはワイン造りが持ち込まれ、そのブドウの木の仕立て法（アルベレッロと呼ばれる一株仕立て）は今でも使われているし、ギリシャから持ち込まれた品種も多く残っている。オリーヴが持ち込まれたことも重要だ。

古代ローマ時代にはシチリアは「ローマの穀物庫」と呼ばれ、小麦の栽培が盛んになった。パスタやパンの原型もこの頃に定まった。重要だったのは9～10世紀にかけてのアグラブ朝によるシチリア征服で、当時進んでいたアラブ文明が持ち込んだ灌漑《かんがい》技術などは農業にとって革新的だった。柑橘類、米、アーモンド、ピスタチオ、サフラン、ナスなどが伝えられ、今日のシチリア料理の重要な基礎を作った。

11世紀からシチリアを支配したノルマン人は今でも広く食されている干鱈、ニシンなどを伝えた。13世紀に短期間この島を支配したフランスのアンジュー家は、宮廷料理のいくつかを持ち込んだ。18世紀からシチリアを支配したスペイン系のブルボン王朝も大きな影響を与えた。

その家の味がわかるカポナータ

このようにさまざまな文明の影響が重なり合って存在しているシチリア料理は実に魅力的なものだ。まず温暖な気候（というより近年はアフリカのような気候）と強烈な太陽に恵まれたシチリアは、野菜と果物の味わいが濃い。通りかかった畑のオレンジや無花果をとって食べても、イタリア半島とは異なる濃厚な味わいがする。だからシンプルに野菜を茹でたり、炒めたりしただけでも、本当に美味しい。

素晴らしいシチリア野菜の中でも、絶対的な主役はナスである。その凝縮感のある味わいはメイン料理としても十分に通用する。ナス料理のヴァリエーションも多い。最も有名なのはカポナータだろう。カポナータはナス、タマネギ、セロリ、オリーヴ、トマトなどを煮込んだシンプルな料理で、地方ごと、村ごと、家庭ごとにレシピが異なる。

共通しているのは酢と砂糖を使うことで、少し甘酸っぱい仕上がりとなる。ここが同じ野菜煮込みでもラタトゥイユとの根本な違いで、カポナータはどこか異国風、アラブ風の味わいとなる。カポナータには干しブドウや松の実が入ることも多く、そうなるとさらに「異国情緒」が増す。

カポナータは素朴な家庭料理だが、レストランやパーティーでも前菜に必ずといっていいほど提供されるので、シチリアに1週間も滞在すると何回も食べることになる。酢が強めのもの、かなり甘いもの、ピーマンが入ったものなど、家庭ごと、店ごとに味が異なるが、カポナータを食べると何となくその店の料理のスタイルがわかるような気がする。まさに名刺代わりの一品である。

カポナータはシンプルな料理なので、何度食べても飽きない。それどころかカポナータが出てくると「シチリアに来た」「私はシチリアにいるんだ」という変な感動に襲われる。日本のイタリア料理店でも美味しいカポナータを食べることはできるのだが、現地で食べるカポナータは別格だ。ひょっとしたら日本のほうが丁寧に作られていて、美味しいのかもしれないが、シチリアで食べるカポナータには有無を言わせぬ勢いがある。十二分に太陽を浴びて育った野菜の勢いが感じられて、少々雑なところがあっても気にならないし、むしろ微笑ましく思えてしまうのだ。

〝こぶし〟はリコッタ・サラータ

もう一つのナス料理の王様は、ナスのパルミジャーナだろう。前菜として出されることもあるが、メイン料理にもなるし、昼食などはこれ一皿で十分である。揚げたナス、モッツァレッラ、トマトソース、バジリコを重ねて、上にパルミジャーノ・チーズをかけて、オーヴンで焼いただけのシンプルな料理なのだが、ナスが圧倒的存在感を示してくれる。

シチリアだけでなくナポリの名物料理でもあるし、エミリア・ロマーニャも「俺たちの料理」と誇りに思っている。どの地方のも魅力的なのだが、個人的にはやはりシチリアに軍配を上げたい。シチリアで食べてきた数々のパルミジャーナの思い出が強烈だからである。

前菜ではなくパスタになるが、ナスを使ったカターニアの名物パスタがノルマ風パスタである。ナスを揚げたもの、トマトソース、バジリコで和えたパスタで、上に羊乳のリコッタ・サラータを削ってたっぷりかける。このリコッタ・サラータが重要な鍵だ。これはフレッシュチーズであるリコッタの水分を抜いて、乾燥させたものだが、ハードタイプほどかたくはなく、少し生っぽい感じが残っている。イタリア半島ではパルミジャーノ・レッジャーノ・チーズを粉にしてかけるところに、シチリアではリコッタ・サラータを削ってかける。トマトソースのスパゲッティの上にもかけるし、トマトで煮込んだ鶏の上にかけたりもする。

削ったリコッタ・サラータがトマトソースと混ざると少し溶けてクリーミーな感じになり、料理に一体感が生まれる。羊乳ならではの「あくの強さ」がシチリア感を高めてくれる。

パスタとしては、リガトーニなどのショートパスタが使われることが多い。極端にシンプルな料理なので私も家で作ったりするのだが、何か物足りない。ナスがシチリアほど濃厚な味わいでないということもあるが、何よりも適当なリコッタ・サラータが手に入らないのである。

日本でも美味しいリコッタ・サラータは販売されているが、シチリアで使われている「ガツンとくる」味わいに欠ける。それがないとこぶしがきかない演歌のようなもので、美味しくても、どこか頼りなく感じてしまうのだ。カターニアが生んだ作曲家、ヴィンチェンツォ・ベッリーニの名作オペラ「ノルマ」から名づけられているように、ノルマ風パスタはカターニアの名物料理である。

なくてはならないフェンネルと鰯のパスタ

シチリアを訪れると必ず出てくるもう一つの名物が鰯のパスタだ。これも鰯という手に入りやすい魚を使った庶民料理だ。オリーヴオイルで炒めたタマネギ、鰯をパスタで和えるだけのシンプルな料理だが、いくつか外せないポイントがある。一つは野生のフェンネルで、茹でて、最後にパスタの上にのせる。その強いアロマが鰯の臭みを消してくれる。ノルマ風パスタのリコッタ・サラータと同じで、野生のフェンネルがなければ鰯のパスタは成立しない。

野生のフェンネルが手に入るのは春先から夏の終わりまでで、シチリアで鰯漁が行われる3月から9月と一致している。もう一つのポイントは松の実と干しブドウが入ることで、それにより味わいがヨーロッパ料理というより、一気にアラブ風=異国風=シチリア風になるのはカポナータと同じである。

もう一つ忘れてはいけないのが、最後に振りかけるパン粉だ。フライパンで炒めるなどして香ばしくしたパン粉をたっぷりかける。貧しかった時代に残り物を利用しておなかを膨らませる知恵として行われていた習慣であるが、パン粉がオイルとさまざまな味わいを吸って実に美味しい。

鰯という廉価な魚とただで手に入る野生のフェンネルを使った素朴なパスタで、これにはスパゲッティ、ブカティーニといったロングパスタが使われることが多い。多くのトラットリアで提供されていて、最もシチリアを感じさせる料理の一つだ。シチリアの田園を車で走っていると、そこら中に野生のフェンネルが生えていて、車を切り返したときなどにタイヤで踏みつけると強い香りを放つ。窓を閉めていても車の中に入ってくるほど強烈な香りだ。少し青っぽく、薬草のようなニュアンスがあり、鮮明だ。

シチリアの野菜や果物は強い香りを放つ。オレンジやレモンがその好例である。この島は光と影のコントラストが強烈であるが、同じく食材もはっきりとした香りと味わいを持っている。日本の食材が淡い香りや微妙な味わいを持っているのと対照的である。

明暗がはっきりとした味わいを好むシチリアと淡い色調の陰影を愛でる日本。

両極端の美学に基づく料理だが、どちらにも惹かれる。

海の向こうを見ながら味わう雲丹のスパゲッティ

強い味わいが好まれるもう一つの例は雲丹《うに》だ。南イタリアでは生の雲丹が食されるが、日本の雲丹とは味わいがまったく異なる。実が小さくて赤いものが多いのだが、味わいが強い。まさに海の味がするのである。日本の雲丹は「ほのかに磯の香りがする」ものが特上とされるが、シチリアでは「もろに海の香りがする」ものが好まれる。そのまま食べると海水を飲んでいるようで、私はあまり好きになれない。ただ、これをパスタにすると実に美味しい。強過ぎる雲丹の風味もパスタのソースにするとちょうどいい感じに薄まるのである。グレカニコという品種で造られるデリケートな白ワインとの相性が抜群である。

南シチリアのメンフィ郊外に雲丹のスパゲッティが名物の「リストランテ・ダ・ヴィットリオ」があり、近くを通りかかるとよく寄ったものだ。海を見晴らすテラスで、磯の香りを感じさせる雲丹のスパゲッティを食べているとやさしい海風が頬をなで、強い日差しが差し込んでくる。海の向こうはアフリカだ。

ミラノなどのヨーロッパ都市とはまったく異なるゆっくりとした時間がシチリアには流れている。

南国を感じるピスタチオパスタ

シチリアで食べるまでまったく想像できなかったのがピスタチオのペーストのパスタだ。ピスタチオはシチリアの名産で、特にエトナ西側のブロンテのものは高値で取引される。お菓子によく使われるし、ジェラートも最高だ。

そしてシチリアでは普通のパスタにも使われるのだ。ペストジェノヴェーゼに似たレシピで、ピスタチオ、松の実、ニンニク、バジリコ、パルミジャーノにオリーヴオイルを入れて、ミキサーにかける（昔はすり鉢で潰していた）。

それをパスタと和えればできあがりである。ブジアーテ、カサレッチェなどのねじれ形の地元パスタが合う。ピスタチオのペーストのねっとりした南国風な味わいがシチリアらしい。レモンの皮をすりおろして香りづけをすると、全体が爽やかになり、さらにシチリアっぽさが増す。よく冷やした白ワインとの相性も抜群だ。

夕焼けと魚のクスクス

メインディッシュで必ず食べたくなるのがクスクスである。デュラム小麦の粗挽粉を小さな粒に丸めたもので、北アフリカ料理だが、シチリア北西部でも食べられる。北アフリカでは羊肉などと野菜を煮たソースをかけて食べることが多いが、シチリアでは魚をトマトソースで煮込んだスープをかける。これが美味しいだけでなく、シチリア料理に完璧に溶け込んでいてまったく違和感がない。

シチリアは9世紀から11世紀までアラブの支配下にあったが、クスクスが根づいたのはその時代ではない。19世紀末から20世紀初めにかけてトラパニの漁師が北アフリカに漁に出かけて持ち帰ったという説と、同じ頃シチリアからチュニジアとリビアに行った移民が持ち帰ったという説がある。どちらにしても比較的最近のことである。実際、シチリアでもクスクスが食べられているのはトラパニ、マルサラ周辺だけで、州都パレルモには基本的にクスクスを食べる習慣はない。

トラパニからマルサラにかけての海岸地帯は製塩業が盛んで、天日を利用した伝統的な塩田が今でも残っている。大小の塩田と塩の山が連なり、風車が並んでいる風景はとても美しい。このあたりのレストランに夏の夕暮れどきに行くと、ちょうど塩田の向こうに夕日が沈むのが見える。美しい夕焼けと風車と塩田のシルエットを眺めながら、魚のクスクスを楽しむのは最高である。マルサラはアラビア語で「アラーの港」を意味する。シチリア西部はイスラムの痕跡が色濃く残っていて、クスクスがとてもよく似合う。

シチリアはマグロ漁が有名だが、現地で食べる機会が多いのはカジキマグロだ。輪切りにして炭火焼きにしたり、ステーキにしてオリーヴ、ケッパー、トマトのソースをかけたり、さまざまな形で提供される。

マグロは火を通し過ぎるとパサついてしまうが、カジキマグロは完全に火を通してもジューシーさを保つので、好まれているのかもしれない。カジキマグロのステーキは大きさも十分で、メインディッシュとしても迫力がある。シチリアの豊潤な太陽が生むちょっと濃いめの白ワインや、軽めの赤ワインと楽しむと最高だ。

シチリアのソウルフードを探して

シチリアに行ったら絶対に見逃せないのがストリートフードである。屋台で売っている場合もあるし、バルなどで買って立ち食いする場合もあるが、気軽に食べられて、おなかをいっぱいにしてくれる。

筆頭はアランチーノだ。大きなお米のコロッケである。シチリアはパレルモとカターニアのライバル意識が強く、それはそのまま島の西部と東部の意地の張り合いでもある。アランチーノもカターニアを代表とする西部では男性形で、パレルモを代表とする東部ではアランチーナと女性形で呼ばれる。パレルモでは大きな野球ボールのような丸い形だが、カターニアでは円錐型でエトナ山の形をしている。ただ呼び名と形は違っても、中身にそれほどの違いはない。

ブイヨンで茹でたお米を丸めてパン粉をつけて油で揚げるのだが、中に入れるものによって二つに分かれる。一つは「アル・ラグー」と呼ばれ、ミートソース（ラグー）、グリーンピース、チーズ（カッチョカヴァッロがよく使われる）が真ん中に入っている。もう一つは「アル・ブッロ」と呼ばれ、ハムとモッツァレッラが真ん中に入っている。

基本的にはこの二つなのだが、ほうれん草を入れたものや、ナスを入れたノルマ風、ピスタチオのペーストで米を和えたものなど新しいヴァージョンが編み出されている。それぞれの町にアランチーノを売り物にしている店があり、住民にはそれぞれのひいきの店がある。パレルモで「アランチーノはどこが美味しい？」と尋ねると、「私は絶対にバル・アルバよ」とか「なんといってもトゥーリング」といった具合にすぐに返事が返ってくる。みんな思い入れが強いのである。

アランチーノに目がない私はそのアドバイスに従っていろいろと試してみたが、たしかにかなりスタイルが異なる。バル・アルバのものは小ぶりでエレガントな味わいで、ブルジョア風だったし、トゥーリングのものは巨大で迫力があり、胡椒が強く効いていて労働者風だった。

私はトゥーリングのアランチーノが好きで、パレルモでガイドブックの試飲をしていたときはよく訪れた。両手に持つとずしんとくる重量感はコロッケといったカテゴリーには収まりきらない迫力だ。1個食べても満腹になるが、2個食べると夕食がいらないほどだ。安くて、腹いっぱいになるという点ではまさにストリートフードの鑑である。

どの時間でも食べられるのも都合がいい。イタリアは（特に南部）は13時～15時のランチタイム、20時～22時のディナータイム以外は、まともな食事にありつくのが難しい。その点アランチーノはどんな時間帯でも売っているので、何回も助けられた。基本的に高カロリーで腹持ちがいい料理なので、ダイエットをしている人は近づかないほうがいいかもしれない。

パレルモ空港やカターニア空港でアランチーノを売っていると、ついつい買って、頬張ってしまう。シチリアの人が他の町や外国で暮らすと最も恋しくなるのがアランチーノだという。もちろんローマやミラノでもアランチーノを売っている店はあるのだが、シチリア人を納得させるレベルには到達していないようだ。アランチーノはまさにシチリアのソウルフードである。

パーネ・コン・ミルッァは赤ワインとともに

パレルモでよく見かけるストリートフードにパネッラのパニーノがある。パネッラはひよこ豆の粉を水で溶いてパセリを加えて、正方形の形に整えて、油で揚げたものだ。シチリアの庶民的な店では揚げ物がよく食べられ、パネッラが前菜としてポテトコロッケと一緒に出されることもよくある。ただ屋台で売っている場合はパニーノにパネッラを挟んで提供されることが多い。

香ばしいパネッラと胡麻を散らしたシチリアパンは相性がよく、食欲が進む。これも安上がりでおなかを膨らませることができる一品である。

もう少しディープなストリートフードが好きな人にはパーネ・コン・ミルツァがお薦めだ。これは仔牛の脾臓《ひぞう》、肺、気管を蒸して（または茹でて）からラードで揚げてそれをパン（これもシチリアの胡麻を散らしたパン）に挟んだ料理だ。塩とレモンで味を調えただけのものもあるし、リコッタを添えたり、カッチョカヴァッロを削ったものを添えたりすることもある。貧しい内臓料理であるが、うまく作られた場合は実に味わい深い。

屋台で提供してくれるプラスチックのコップに入った安物の赤ワインと食べ

ると最高である。フィレンツェのランプレドットのパニーノのシチリアヴァージョンといってもいいかもしれない（シチリアの人はランプレドットのパニーノがパーネ・コン・ミルツァを真似したのだと主張するだろうけれど）。

空腹時に立ち向かいたいB級グルメ

もう一つ「ストロング」なストリートフードがスティッギオーラだ。仔牛、仔羊の腸を串刺しにして、炭火で焼いたもので、塩やレモンをかけて食べる。かなり強い味わいで、脂も多い。相当空腹でないと立ち向かえないB級グルメかもしれない。外からパレルモに戻ってくると、高速道路を降りて町に入るあたりで、炭火でスティッギオーラを焼いている光景を目にする。

煙がもうもうと上がり、美味しそうな香りが漂っている。パレルモはアラブの痕跡が強い町とされるが、スティッギオーラの香りはどこか中東を思い出させる。

クイックランチをあきらめないで

イタリアに通った40年で最も激しく変化したのは、ランチ事情かもしれない。昔は昼食が最も重要な食事だった。1980年代のローマでも、午後1時頃から2～3時間ほどかけてゆっくり昼食をとり、軽く休んで（短い昼寝をする人もいた）、午後5時頃から働き出すというのが普通だった。

だからトラットリアでランチをとっていると午後3時でもまだ食べている人がいた。商店も午後1時～4時は閉めていたので、観光客も食事をするしかなかった。トラットリアに行くと、近所で働いている人が同僚同士で食べに来ていて、ワインを飲みながら2～3時間楽しんでいるという光景に出会った。のんびりした時代だったのだ。

1990年代に入った頃から、イタリアもヨーロッパ基準に合わせる必要が出てきた。徐々に昼休み休憩は短くなり、ゆっくり昼食をとることは難しくなった。都会で働く人のランチはバルでパニーノを立ち食いするか、時代に合わせて増えた簡単な軽食を提供する飲食店（ターヴォラ・カルダ）でパスタ一皿かサラダ一皿を食べるかというのが主流となった。

私がよく訪問するワイン産地などの田舎ではまだ昼食をしっかりとっている人を見かけるが、都会では珍しくなった。そしてなによりもランチでワインを飲む人が激減した。昔はほぼ100％の客がランチでもワインを飲んでいたが、今はほとんどがミネラルウォーターだ。

ライフスタイルが変化したのに、レストランやトラットリア側はそれに対応しようという気があまりない。イタリアは今でも昼と夜のメニューがまったく同じ（料理も価格も）という店が多い。日本では和食店でも、鉄板焼きでも、フレンチでも、ランチはディナーより安いコースを設定している店がほとんどだ。フランスも同じで、3つ星レストランでさえ、夜は420～560ユーロと高価な店でも昼は130ユーロで簡単なコースを提供している。

ところが、イタリアではまだディナーよりお手頃価格のランチコースを提供する店が少ない。価格の問題だけでなく、昼は早めにランチを済ませる必要がある客も多いにもかかわらず、皿数を減らしてクイックランチに対応しようという気もないようだ。イタリア人の8割近くが昼はパスタを食べたいと考えているという調査結果が出ているので、パスタとサラダぐらいのクイックランチを適切価格で提供すれば大成功すると思うのだが、そのようなことをする店は少ない。

あきらめの早いイタリア人

イタリアで困るのは、30分ほどで軽くランチを済ませようと思ったときに、適当な店が見つからないことである。トラットリアに入ると1時間半はかかってしまうし、バルのパニーノ立ち食いはかなり味気ない。ターヴォラ・カルダは便利だが、テーブルがつねに雑然としていて、落ち着かない。だからイタリアでも職場に弁当（パニーノ、パスタなど）を持参する人も増えているそうだ。

このような状況が改善されないのは、イタリア人があきらめてしまっていることが大きいと思う。「バルのパニーノだから、高いレベルを求めてもしかたないでしょ」といった感じで、最初からあきらめてしまうのである。イタリアの航空会社の機内食でも同じあきらめを感じる。「機内で出すものなのだから、この程度でしかたないでしょう」と客も航空会社も高いレベルを要求しないのだ。高速道路のサービスエリアの食事も同じだ。

イタリア人が日本に来たときにコンビニで売っているサンドウィッチやおにぎりを食べさせると「美味しい」と感心する。そして値段を教えるともっと驚く。「そんなに安いのか」と。最近はラーメンやトンカツも人気が高い。そして口を揃えて「1時間もかからないで美味しいものが食べられるのは素晴らしい」と感心する。

イタリアは食卓で一緒に過ごす時間を重視してきた国なので、クイックランチに関しては少し出遅れているような気がする。

シチリアの職人ドルチェ

シチリアの食に触れるならお菓子を避けて通ることはできないだろう。カッサータ、カンノーロなど世界的に有名なお菓子がこの島で生まれた。基本的にウルトラ甘いのが特徴で、やはりイスラムの影響が強く残っているのであろう。カッサータはスポンジケーキと思いっきり砂糖を入れたリコッタチーズを重ねて、周りをマジパンで固めて、砂糖漬けの果物でデコレーションしたものである。見た目も華やかな彩りで、食べてみると異常に甘い。まさにシチリアを代表するお菓子である。

どちらかというとパーティーなどの特別な機会、祝祭空間に相応しいカッサータに対して、カンノーロはもっと日常的に楽しまれていて、アランチーノと並ぶシチリアのソウルフードだ。外側の皮は小麦粉に卵、ラード、マルサラを入れて生地を作り、それを筒状にして揚げる。これでチャルダと呼ばれる外側のできあがりだ。ここに生のリコッタに砂糖を混ぜたものを食べる直前に詰めて、砂糖漬けの果物やチョコレートをトッピングする。直前に詰めることが重要で、早くから詰めてしまうとチャルダが湿って香ばしさを失う。だからこだわりのある店では客が注文してから詰めている。

カンノーロの味の決め手はリコッタだ。リコッタの質ですべてが決まると言っても過言ではない。リコッタは足が速い食材なので、シチリアの外では適切なリコッタが手に入らず、島内で食べるレベルのカンノーロに出会いにくいとされている。

カンノーロは朝食に食べてもいいし、食後のデザートにしても、おやつにしてもいい。チャルダを揚げる油もラードを使うのが伝統的で、洗練されたお菓子ではなく、庶民的な味わいである。

パレルモの南、コルレオーネ村の近くにフィクッツァという村がある。標高が高く、昔ナポリとシチリアを支配したブルボン家が狩りのための広大な森林を所有していた場所だ。知り合いのワイン生産者の農園があることもあって、しばしば訪ねる機会があった。

この村のおばあさんが作るカンノーロが最高だった。まず大きさが印象的でチャルダが20㎝ほどの長さで直径が5㎝を超えている。きっちり揚げられていてとても香ばしい。そこにこれでもかというほどのリコッタが詰まっていて、しかもそれが最高品質のもの。地元でその日の朝に作られた羊乳のリコッタだ。砂糖漬けの果物もチョコレートのかけらも大きめで、満足感が半端じゃない。これだけで昼食になるほどの満腹感である。

長年このカンノーロを楽しみにしてフィクッツァに通ったが、10年ほど前におばあさんが引退したということでもう出会えなくなってしまった。時代の流れに逆らえないのかもしれないが、このような職人が徐々に消えていくのは本当に寂しい。

タオルミーナの極上グラニータとブリオッシュ

もう一つ、とてもシチリアらしいお菓子がグラニータである。これはレモン、オレンジ、コーヒー、アーモンド、ピスタチオなどが入った果汁をゆっくりと凍らせたシャーベットの一種だ。特徴的なのはブリオッシュに挟んで食べることで、シャーベットというよりも冷たいジャムのような食べ方になる。果汁を凍らせただけのシンプルな食べ物なので、果物やアーモンド類の品質がもろに反映する。シチリアの卓越した果物やナッツ類があるからこそ可能なお菓子なのである。

タオルミーナのホテルで朝食に食べたブリオッシュとグラニータが忘れられない。夏の日の朝だった。友人が誘ってくれて、知り合いのホテルのテラスにわざわざ食べに行った。

緑に囲まれた優雅な空間で、海を眺めて、鳥のさえずりを聞きながら食べたレモンのグラニータの鮮やかなアロマは今でも覚えている。もちろんグラニータ自体も美味しかったに決まっているのだが、何よりもその状況が味を引き立ててくれていた。客観的な美味しさの基準などというものは曖昧《あいまい》で、食べる場所、空気、状況によって印象がまったく異なるものだと思う。

ルーチョの破格なおもてなし

シチリアで忘れられないのがレガレアーリ農園における朝食である。シチリアというと海を想像するが、実はこの島は山が多い。特に中央部のマドニエと呼ばれる山岳地帯は、ディープなシチリアが今でも残っている場所である。ここに著名なワイン生産者タスカ・ダルメリータのレガレアーリ農園がある。広大な農園で素晴らしいワインが造られているのだが、この農園はワインだけでなく1000頭を超す羊も放牧されている。その羊乳からリコッタチーズが毎日作られているのだ。

朝食には、そのできたてのリコッタチーズに蜂蜜をたっぷりとかけて食べるのである。まだ温かさが残るリコッタの豊かな味わいに甘美な蜂蜜が加わって、まさに至上の味わいであった。今はどこにいても最高の食材が手に入るようになったが、やはりできたての味わいというのは特別なものに私には思える。

タスカ・ダルメリータは伯爵家で貴族である。先代のルーチョ・タスカ・ダルメリータ伯爵には公私にわたりずいぶんお世話になった。ルーチョは真の意味で貴族らしい人だった。マスコミでも『山猫』の主人公プリンチペ・ディ・サリーナを想起させるとよく書かれていたが、私もその通りだと思う。

屋敷が立派だとか、パレルモに所有するヴィッラ・タスカにワグナーが滞在したとか、そういうエピソードが貴族的なのではなく、彼の存在自体がとても貴族的だった。若いときは著名人と浮名を流したプレイボーイだったが、私が知り合った頃はシチリアワイン界のリーダー的存在になっていた。

車で農園を案内してくれるときも、森の中を猛スピードで走り抜けるので、車が樹の枝に当たって傷だらけになる。「大丈夫なのか？　車は」と尋ねると、「また買い替えればいい」と答える。靴下を買い替えるように、車を買い替えるという感覚なのだ。

そんなルーチョがサリーナ島（映画『イル・ポスティーノ』の舞台となった美しい島）にリゾートホテルを建てて、それを一緒に見に行こうという話になった。サリーナ島に行くには、シチリア島北東部にあるミラッツォの港から船に乗って行くのが普通である。その日も私たちは高速船を待っていた。どうも少し出発が遅れているようで、ルーチョが「海が荒れているようだ」と言って、携帯電話を取り出した。たしかに風は強いし、高速船はなかなか出発しない。

そうこうしているうちに15分ほどすると空からプロペラが回る大きな音が聞こえて、ヘリコプターが降りてきた。ルーチョがまるでタクシーを呼ぶかのようにヘリコプターを呼んだのだ。シチリアの貴族の感覚は、私のような凡人には想像が及ばない。ラティフォンドと呼ばれる大土地所有制度があったシチリアの貴族は、イタリア半島部と比べても破格にスケールが大きいのだ。

1980年代にパレルモに「チャールストン」という有名なレストランがあった。マリア・カラス、マルチェッロ・マストロヤンニ、アル・パチーノなどの著名人が通ったことでも知られ、パレルモの上流社会、文化人、芸術家の交流の場ともなっていた。私も当時、何度か訪れたことがあるが、独自の雰囲気に強い印象を受けた。イタリアでリバティー様式と呼ばれるアール・ヌーヴォーの内装で、落ち着いて垢抜けした雰囲気の店だった。

特に印象に残ったのは客層である。あの頃のシチリアでは、ネクタイをした黒ずくめの目つきの鋭い男ばかりが10人ほど集まっているテーブルがやたらと目についた。行儀よく食事を楽しんでいて、もちろん誰に迷惑をかけている訳でもないのだが、どことなく緊張感が漂っているテーブルは何か見てはいけない別世界を覗いてしまったような気がして、こちらまで緊張してしまった。他の客も皆19世紀末のような雰囲気をまとっていて、プルーストの『失われた時を求めて』の世界に迷い込んだような気がした。１９８０年代のローマやミラノではすでにこのような雰囲気の店はなくなっていて、たとえ高級店でも雰囲気はもっと砕けた「成金風」になっていた。

パレルモの「チャールストン」だけはどこかベル・エポックを想起させる雰囲気が色濃く残っていたのである。今はヨーロッパの３つ星レストランでも、服装についてうるさいことをいう店は少なくなった。かなりカジュアルな服装で訪れる客も珍しくない。世界的富豪でもジーンズとTシャツしか着ない人も多いので、ドレスコードという考え方自体が時代遅れだし、そんなことを言っていては客を逃してしまうのだろう。高級レストランの民主化は悪いことではないし、気軽に楽しめるのはいいことだと思う。ただ、レストランが特別な場としての強いオーラを纏《まと》っていた時代をときどき懐かしく思い出すことがある。

「明日も俺の店に来い」

タオルミーナに知る人ぞ知るトラットリア、「オステリア・ネーロ・ダヴォラ」があった（現在は閉店）。以前からワインリストが素晴らしいという評判を聞いて行きたいと思っていたのだが、そもそも私は、ワイン産地は頻繁に訪れるが、ワイン生産地ではないタオルミーナには行く機会がない。ということでずっと先送りになっていたが、10年ほど前にようやくチャンスが訪れた。タオルミーナに3日ほど滞在することになったのである。早速、予約をとって、夕食に訪れた。夏のタオルミーナの混雑は凄まじく、店もごった返していた。一通り注文をして、ゆっくりと食事を楽しんでいると、主人が話しかけてきた。

「このエトナのワインは私も好きだが、何でお前は知っているのか？」

私が生産者もよく知っていて、ワイナリーも何回も訪問していることを告げると、いきなり私のテーブルの椅子に腰かけて話し始めた。主人もワインが好きで生産者の友人が多くいること、魚にこだわりをもって料理を提供していることなど、いろいろな話を聞かせてくれた。心配だったのは店が忙しそうなのに、主人が私のテーブルに居座ってまったく動かないことだ。最後に「明日の夕食は予定があるのか？」と尋ねるので、「特に予定していない」と答えると、「それなら明日も俺の店に来い。凄いものを食べさせてやる」と言い放った。

次の日出かけていくと主人が待ち構えていて、雲丹のスパゲッティとスペイン鯛《だい》の炭火焼きを食べさせてくれた。とても美味しかったので、絶賛するととても満足そうに「俺が今朝釣ってきたんだ」と教えてくれた。主人は毎朝釣りに行って、気に入った客には自分で釣った魚を提供しているらしい。ちょっと強引で、押しつけがましいところのある主人だったが、とても温かいハートを持っている男なのだ。

市場で手に入れた魚でも、主人が釣った魚と同じぐらい美味しいものはあるのかもしれないが「俺が釣った魚を提供する」という気持ちに勝るものはない。レストランが商業化してマニュアル化されていくなかで、私たちが見失っていた本当の意味でのホスピタリティーを見たような気がした。

第 7 章

頑なさと美食

サルデーニャ

SARDEGNA

羊飼いの島を守ってきた伝統料理

シチリアほど頻繁に訪れるわけではないが、訪問するたびに強い印象を受けるのがサルデーニャの料理である。シチリアに次いで地中海で2番目に大きな島であるサルデーニャ島も戦略的に重要な位置にあるので、古代からさまざまな文明の支配を受けてきた。フェニキア、カルタゴ、古代ローマ、ビザンチン、アラブ、スペインなど多くの文明がこの島に来て、食文化にも影響を与えた。

ただ、多くの文明の影響をどっぷりと深く吸収したシチリアと比べると、サルデーニャはどちらかといえばそれらの影響を拒み（特に内陸部）、羊飼いの島としてのアイデンティティを頑なに守ってきたように思える。それは食文化も同じだ。もちろん海岸部では魚が食べられるし、大量にこの島に押し寄せる観光客の目当ての一つは伊勢海老をはじめとする美味しい魚介類だ。ただ島の名物料理を見ると羊飼い料理、内陸部の料理が目につく。

羊乳チーズが重要でペコリーノ・サルド、ペコリーノ・ロマーノ（ローマという名前がついているが、生産地のほとんどはサルデーニャ）など有名なものがある。前菜にはこれらのチーズや生ハム、パンチェッタなどがよく食べられる。リコッタに似たフレッシュチーズに蜂蜜をかけたものも名物だ。

カラサウと呼ばれる二度焼きした薄いパンをつまみながら前菜を食べる。これはもともと羊飼いが放牧に出るときの保存用パンだったが、今ではサルデーニャを代表する食品の一つになった。

素朴でシンプルなサルデーニャらしいパスタ

いくつか有名なパスタ料理があるが、イタリア半島で食べられるものとはまったく異なる。クルルジョネスは島の南東部のオリアストラ地方の名物で、麦の穂の形をしたラヴィオリだ。中に詰められているのはポテト、チーズ、ニンニク、ミントと素朴である。普通はトマトソースとバジリコで食べられるが、シンプルながらも、味わい深く、ミントが独特な爽やかさを与えている。豪華な食材は何一つ使っていないのに美味しいという農民料理の鑑のようなパスタだ。

マッロレッドゥスは硬質小麦で作られる乾燥パスタで、2㎝ほどの細長い貝の形をしている。トマトとサルシッチャのソースで食べられることが多いが、小さな貝型なので、ソースによく絡まり、腹持ちのいい一皿となる。サルデーニャらしい料理である。

フレグラ（またはフレゴラ）と呼ばれるパスタも有名だ。これはセモリナ粉を小さな粒状にまとめたパスタで、大きめのクスクスといった印象だ。アサリのソースで食べられることが多い。アサリでとったスープでリゾットを作るようにフレグラを煮て、最後にアサリを盛りつけるといった感じである。

切り分けは邪道のポルチェッドゥ

メインで圧倒的存在感を示しているのがポルチェッドゥだ。4～5㎏の子豚を串刺しにして丸焼きにした料理で、サルデーニャ料理のシンボルといっても過言ではないだろう。皮は黄金色で香ばしく、肉はやわらかく、ジューシーに仕上げるには、高い技術が必要だ。ゆっくりと焼く必要があり、時間と根気も必要だ。

ポルチェッドゥを焼くのに使う木には、よい香りを与えるということで乳香樹や常盤樫《ときわがし》が好まれる。焼いている間はローズマリーとニンニクで香りをつけたオリーヴオイルを豚に塗り続ける。サルデーニャやコルシカに自生する低木のミルトで風味をつけることもある。まさに特別な機会の料理で、ポルチェッドゥ祭りが多くの村で行われている。今は多くのレストランがポルチェッドゥを提供しているので、観光客も気軽に楽しむことができる。

サルデーニャでワインの取材をしていたとき、生産者と一緒に昼食に行ったレストランでぶつ切りにされたポルチェッドゥが大皿に山盛りにされて出てきたので、驚喜して食べていると、生産者が「これは駄目だ」と渋い顔をする。「ポルチェッドゥは原型がわかる形で食卓に提供するのが正式だ。そうでないと自分がどの部位を食べているからわからないではないか」と苦言を呈する。

ぶつ切りにして混ぜて盛ってくるのは邪道で、切り分けてはいても、ちゃんと子豚の原型を留めたまま皿に盛らないと駄目らしい。昔はポルチェッドゥを焼くというのは一つの儀式だったので、そういった強いこだわりが残っているのだろう。

サルデーニャの名物赤ワインであるカンノナウは、赤い果実のアロマがフレッシュで、タンニンもしっかりして、少しスパイシーなので、ポルチェッドゥには最高だ。取材時に毎日ポルチェッドゥを食べ続けるとサルデーニャ島にいる幸福を実感する。子豚以外にも仔羊、子山羊などのローストもよく食べられるし、非常に美味だ。やはりこの島は羊飼い料理が絶品なのである。

デザートならセアダスだ。硬質小麦のセモリナ粉でつくった生地を大きなラヴィオリのような形にして、中にフレッシュなチーズ（リコッタやペコリーノ・サルド）とレモンの皮を詰めて、それを揚げたものだ。熱々なところに蜂蜜をかけて、粉砂糖を散らして食べる。蜂蜜はやや苦みを感じさせるものを使われる。生地には豚の脂が少し入る。

サルデーニャやシチリアではお菓子に豚の脂が使われることがよくある（カンノーロのチャルダも豚の脂で揚げるのが伝統）が、これは最も身近にあった脂だったからで、オリーヴオイルよりも安かったからである。今となってはこの脂が独自の個性を生み出している。

外向き・内向きを使い分けて守られてきた

サルデーニャの料理はどれも強い風味を持つが、同時にデリケートだ。

夏にサルデーニャを訪れると、バカンス客でごった返している。サルデーニャの海は美しく、魚介類は美味しいとあって、毎年バカンスはサルデーニャでと決めている人も多い。コスタ・スメラルダなどの高級バカンス地には世界中の富豪がヨットでやってくる。

バカンス客が訪れるレストランでは、魚のカルパッチョ、雲丹や唐墨《からすみ》（これもサルデーニャの名物）のパスタ、伊勢海老のグリルなどバカンス客受けしそうなメニューを並べている。

内陸部に行くとクルルジョネスとポルチェッドゥを食べて、カンノナウを飲んでいる。このギャップがとても面白い。外からの人向きの店とサルデーニャ人向きの店は永久に交わらない二つの線路のようなものだ。何千年も前から、この島はこのようにして自分たちの文化を守ってきたのだ。

第 8 章

リストランテの向こう側

覆面調査員の旅

２００５年から10年間イタリアの『ガンベロ・ロッソ・レストランガイド』の覆面調査員の仕事をした。私はワインについて執筆したり、セミナーをしたりすることを生業《なりわい》としているので、特にレストランガイドの仕事をやりたかったわけではないのだが、親友が編集長になり、頼んできたので引き受けることにした。

まったく新しい世界だったので、どういうメカニズムで動いているのかに関心を引かれたこともあった。ただ「日本からわざわざレストラン訪問のためだけにイタリアに行くというのは金も時間もかかりすぎるし、無理なので、ワインの仕事で産地に行ったついでに調査することなら可能だ」と告げると、「それでまったく問題ない」との答え。「毎年訪問してほしい店のリストを送るから、その中から訪問可能な店を知らせてくれ」とのことだった。「それなら大丈夫」

ということで、私は覆面調査員の仕事を始めた。

まず1月頃に訪問してほしい店のリストが送られてくる。レストランが極端に辺鄙な場所にあったり、まったく興味を引かない場合は断ることもできる。断ると代替案を送ってくる。ガイドブックの出版は毎年10月末だったので、7月末までには原稿を渡す必要がある。だから半年ほどの間に30軒近いレストランを訪問することになる。

ワインの仕事でピエモンテとトスカーナには必ず滞在するので、私の場合はこの2州のレストランが中心だった。それ以外にシチリアに滞在する予定があることがわかっていれば、それを編集部に告げておくとシチリアの候補が2、3軒送られてくる。ピエモンテとトスカーナは長年通っているので、送られてくるリストの半分ぐらいはすでに行ったことがある店で、残り半分は新しい店である。もちろん知っている店も新たに訪問する必要がある。

1月といわずもっと早くから訪問を始めればよさそうなものだが、イタリアはよくレストランが閉鎖したり、移動したり、シェフが変わったりするので、できるだけ出版される10月に近い訪問が理想なのである。ただ、これによりスケジュールがタイトになっていることは間違いない。

4皿完食必須のハードワーク

覆面調査では最低4皿食べることが求められる。イタリア料理の伝統的構成であるアンティパスト（前菜）、プリモ（パスタ、リゾット、スープなど）、セコンド（メインディッシュ。肉も魚もある）、ドルチェ（デザート）である。店を評価するには、最低この4つは試す必要があるということだ。

イタリアは料理の量が多いので、4皿を食べるとかなり満腹になる。したがって一日2軒調査をすることは少なくとも私には不可能で、一日1軒しかこなせなかった。レストランガイドは覆面調査（匿名）を基本にしているので、レストランで一口だけ食べてほとんどを残すということもできないし、そんなことをして本当に料理のレベルを判断できるとも思えない。これはレストランガイドの最大の問題である。一人の人間がこなせる店の数が限られているのだ。

出版されたばかりの『ガンベロ・ロッソ・レストランガイド2025』を見ると掲載されているレストランが2430軒で、400軒が今年新たに紹介されるレストランとなっている。新たなレストランを発見するためには常にアンテナを張っておく必要があるので、掲載されない店も多く訪問しているということになる。しかも得点が高い店（ミシュランの3つ星にあたるもの）はガイドブックの威信がかかっているので、複数の人数が何回か訪問する。要はかなりの人数の調査員が必要ということである。

ところが、本当に能力の高い（店の質を判断して、それを文章化して、正確に読者に伝えることができる）調査員の数は限られているので、どうしてもレベルが落ちるのである。

これがワインガイドブックとの最大の違いだ。私はイタリアでワインガイドブックの仕事も10年間したが、こちらははるかに簡単で、信頼性が高い仕事ができる。ワインの評価はワインを飲み込む必要がなく、口中で味わった後は吐き出すので、1日に100～120種類ぐらい試飲することが可能である。だから頑張れば、1週間で1000種類近いワインを評価することができるのだ。

もちろん1日50種類ぐらいに抑えれば、より高い集中力をもって丁寧な仕事ができるのだが、こちらも優れたテイスター（ワインを的確に評価してそれを文章化できる人）の数は少ない。それなら優れたテイスターが無理をしてたくさんのワインを試飲して、そのことにより本来の8割の力しか発揮できなかったとしても、平凡なテイスターの全力よりましというのが、私が働いていた『エスプレッソ・イタリアワインガイド』の姿勢だった。だから『エスプレッソ・イタリアワインガイド』は、8人ほどでイタリア中のワインをすべて試飲していた。少数精鋭で頑張るか、人数を増やしてもう少しゆったりとした仕事をするかは、それぞれのガイドブックの判断である。ただ、ワインガイドは望めば、そして頑張れば、少数精鋭でやりきれるのに対して、レストランガイドは少数精鋭を望んでも不可能であるということだ。

シェフの機嫌で味が決まる

覆面調査を始めてもう一つ驚いたのは、日によってレストランの料理の質のアップダウンが激しいことだ。シェフがインフルエンザで店にいないなどの特殊な場合を除いても、夫婦喧嘩をして機嫌が悪いとか、金の支払いに行き詰まっていて料理どころではないとか、さまざまな理由で不調であることがけっこうある。もちろんなんらかの理由で絶好調ということもある。だから客観的判断というのは本当に難しい。ワインの場合は一度瓶詰されたら、基本的に何万本造られていようがすべて同じ味わいである。しかも疑問が生じた場合はもう1本抜栓して確認することができる。だから客観的判断は可能なのである。

私はワイン産地にあるレストランを主に調査していたので、平日と週末の客の入りのギャップが激しいという問題にも悩まされた。トスカーナの田舎の店などは、週末は観光客でかなり賑わうが、平日のランチはほとんど客がいないといったことも珍しくない。そんな場合、店の対応は二つに分かれる。一つはまったくやる気がなくて、投げやりな雰囲気になっている場合である。当然、印象は悪くなる。

もう一つは暇なので、やってきた日本人に興味を持って話しかけてくる場合である。ときにはシェフが面白がって、ずっと横でしゃべっているということもある。気に入られると「これを食べてみろ」とか「こんなのをメニューに入れようと考えてるのだが、どう思う?」とか友だち扱いで盛り上がってしまう。これはこれでけっこう気まずい。シェフが「いい奴」だと、客観的な判断がしにくくなるからである。

　もちろん同じ店を何回か訪問すれば、より正確な判断ができるのだろうが、時間と金に制限があるのでそれも不可能だ。よほどのことがない限り1回の訪問で判断しなければならない。もちろんアップダウンはあってはいけないのだが、やはり働いているのは人間なので、起こりうることなのだ。

たっぷりの一皿と向き合う

ピッツァ一人1枚が日本人にとっては多い量だとしたら、イタリアの普通のレストランの料理もポーションがかなり大きい。繊細な日本のイタリア料理店の倍ぐらいの量が皿に盛られてくる。しかも原則シェアという発想はないので、それぞれが一皿に向かい合うことになる。

基本は4皿構成で前菜、プリモ（パスタ、リゾット、スープなど）、メイン、ドルチェ（スイーツ）で、昔はほとんどの人が4皿を注文していたので、パヴァロッティのような巨漢が数多くいた。今はさすがに健康やダイエットに配慮する人が多くなったので、前菜＋パスタ、前菜＋メイン、パスタ＋メインというふうに2皿を注文する人が増えた。

面白いのは同じテーブルのメンバーは皿数を合わせるべきだという考え方が定着しているので、皆がメニューをチェックし終わった頃に「今日は2皿でいく?」といった感じで探りが入れられることだ。別におなかが空いている人がいれば、他のメンバーが2皿のところ、一人だけ3皿食べても問題はないのだが、ヨーロッパはなぜか「同時進行」にこだわる。

「他の人が食べているのに、一人だけ料理がなくて手持ち無沙汰」とか「他の人は食べていないのに、一人だけガツガツ料理を食べている」といった状況を嫌うのである。食卓の共有という感覚が強いので、同じペースで食事を進めましょうといった感じなのだろう。

4皿だった食事が2皿になっても、一皿の量が少なくなるわけではないので、2皿でも十分な量となる。日本人的発想なら一皿を半分の量にして、4皿食べればいろいろ楽しめるだろう（実際に日本のイタリア料理店では非常に小さなポーションで多くの皿を提供して成功している）と考えるが、イタリア人はそうは考えないようだ。

根にあるのは一皿にある程度の量がないと料理を満喫できないという発想だ。ゆえに近代スペイン料理（エル・ブジ系）のように小さな料理がいくつも出てくるのを嫌う人が多い。「どれも十分に満喫できずに、イライラして、ストレスがたまる」というわけだ。そんな具合だから「ハーフポーションでお願いします」と頼んでも、「了解」と返事だけは威勢がいいが、出てきた料理はハーフどころかもとのポーションのままということがよくある。抗議をすると、「気にしないで残してください」との返事。やはり「量がないと満喫できない」という考えから抜け出すことができないのである。

これはイタリアではコース料理が定着しないこととも関係がある。ミシュランの星がつくような高級店だとメニュ・デグスタツィオーネといってコース料理が用意されている。この場合は前菜が2〜3種類、プリモが2種類、メインが1種類（魚料理か肉料理かを選べる場合が多い）、プレデゼール、デザートといった感じで、皿数が増える分ポーションが小さくなる。

庶民的な店ではこのような設定はなく、皆がアラカルトで注文する。ほとんどのイタリア人が「自分が食べたいものだけを、がっつり食べたい」と考えるからである。私の友人も多くが「2皿でいいから、気に入った料理をたっぷり楽しみたい」という意見で、3つ星レストランでも必ずアラカルトで注文する。「いくつも料理が出てくると注意散漫になって、記憶にも残らない」そうだ。

イタリア人は料理に迷わない

アラカルトで注文するということは、裏を返せば自分が食べたい料理がはっきりとわかっているということだ。コースは料理の選択を人まかせ（シェフまかせ）にするが、アラカルトは自分が選ぶ。そのためにはそれぞれの料理と自分の好き嫌いをしっかり把握している必要がある。イタリアの場合は地元料理の店がほとんどで、子どもの頃から慣れ親しんでいる料理だから、選択することはいたって簡単だろう。実際、イタリア人は料理に関してはあまり迷わない。好き嫌いが明確で、あまりよそ見しないのである。

昔は日本でも割烹でコース料理を出す店はなく、基本はすべてアラカルトだった。親の代から通っている常連客がほとんどだったので、料理のことは熟知しているし、その日に自分が食べたいものを店の主人と相談して決める能力があった。ところが今はコース料理を出す店が増えたので、客は出された料理を受動的に食べるようになった。もちろん主人がその日ベストと考えた食材を最良の方法で調理しているので、美味しいことに間違いはないのだが、客が自ら選んでいるわけではないことは重要なポイントだ。

最初からコース料理ばかりを食べていると、稀にアラカルトしかやっていない割烹（これが本来の割烹なのだが）でいざ注文ということになると、うまく注文できないという事態に陥る。日頃、能動的にメニューを選ぶことがなく、受動的に出されたものを食べてきたつけである。

これは鮨屋も同じで、今は多くの店が「おまかせ」で鮨を提供している。店が食べる順番も量も決めて、順番に出していくやり方だ。これも最高の鮨を主人が最良と考える順番で出してくれるので、美食体験として理想であることに疑いはない。ただ食というのはかなり主観的なもので、正解はない。主人が「これが最高」と考える順番でも、私にとっては最高ではないかもしれないのだ。ただそれを知るためにはやはりアラカルト（鮨の場合は「お好み」）で頼んで、自分の好みを知る必要がある。

受動的に「おまかせ」を食べているだけでは、消費者として成長しないのである。コース料理は便利だが「ひたすら受動的で怠惰な消費者」を育てやすい危険な諸刃《もろは》の剣《つるぎ》である。

イタリアでも悲しいことに3つ星レストランをはじめとする高級店でアラカ

ルトを廃止する店が増えている。コース料理だけにすれば、用意する食材の種類も減らすことができるし、価格を抑えることもできる。あらかじめ決められた料理を作るだけなので、キッチンも楽である。ただその背後には客がコース料理しか注文しなくなっていることもあるようだ。

ウンブリア州に有名シェフのレストランがあるが、以前訪問したときにアラカルトで注文したら、やたら待たされた。1皿目が出てくるまでに1時間近くかかったので、抗議したところ、「95％の客がコース料理を注文するので、アラカルトに対応できなかった」との答えだったので、「それならアラカルトをやめろ」と言ってやった。

おそらく店側は「アラカルトも残しておいたほうが見栄えがいいよね。どうせ誰も注文しないのだから」といった安易な考えだったのだろうが、アラカルトをやっている限りはちゃんと対応できないとさすがにまずい。一方でアラカルトを望んでいない客がほとんどであるという事実には、考えさせられた。

アラカルト廃止の流れはフランスの星つきレストランでも顕著で、コース料理2種類だけ（1種類だけの場合もある）というのが珍しくなくなった。だから

べ食ー」

「今日は鳩の気分」とか「今日は絶対にブレスの鶏」とか「リ・ド・ヴォー食べたい！」といったように明確な希望があるときは、高級店よりもう少し庶民的な店に行ったほうが、アラカルトで選べる確率が高い。選べる消費者の減少は長い目で見れば、レストランのレベルの全体的低下を招くような気がする。

領収書は公正な判断書

レストランガイドの仕事を始めてつくづく思ったのは「これはやたら金のかかる事業だ」ということである。覆面調査なので、代金は普通に支払う。テレビや雑誌で取り上げるから、試食と称してただでご馳走になるのではないのだ。領収書を提出すれば、食事代の実費は経費として払い戻される。ただ、ワイン代は出ないので、ワインを飲んだ場合（イタリアの食事でワインを飲まないことはまずないが）は自分で負担する必要がある。ワインは極端に高いものもあるので、これはやむをえない判断かもしれない。

代金を支払って、領収書は必ずもらう必要がある。たとえば店の評価が低かった場合、店が「本当は調査に来てないだろう。来店もせずにいい加減なことを書いたのだろう」と抗議してくることがあるので、その場合は領収書を見せて、「これをご覧ください。この日にちゃんと調査員が来店して、公正な判断をしています」と反論する必要があるのである。

基本的に交通費も出ない。だからほとんどの調査員は自分が住んでいる地域の店の調査をするか、よく行く場所のレストランの調査をする。それにしてものべで5000軒以上の調査訪問をしていると思うので、その食事代だけでもかなりの額になる。

その点ワインガイドは、ほとんどお金がかからない。試飲するワインのサンプルは生産者がただで送ってくれるし、試飲する場所は多くの場合は協会などが用意してくれる。そのうえ、ホテル代も出してくれるし、サービスするソムリエも用意してくれることも珍しくない。協会がうまく機能していない産地の場合は編集長の自宅にワインを送らせて、そこで試飲するか、近くのレストランを借りて試飲するという方法がある。ワインガイドの場合は、かかる経費は基本的に交通費ぐらいだ。

明朗会計の裏にあるもの

日本と比べるとすべてがいい加減に思えるイタリアだが、飲食店は意外に明朗会計だ。まず、すべての飲食店は入り口のところに価格を明示したメニューを提示することが義務づけられている。だから注意していれば、レストランに座ってから「この店は高過ぎる。予算オーバーだ」ということにはならない。

また、入店した顧客にメニューを見せることも義務づけられている。メニューには価格以外に、冷凍食材と主なアレルギー源を含む料理を明示する必要がある。客はメニューを見るとだいたいどの程度の支払いになるかの見当がつく。常連客が多い店ではメニューの提示が行われず、主人が口頭でその日の料理を列挙するということも行われているが、本当はメニューも提示する必要がある。

コーヒー一杯の領収書も捨てないで

支払いをする段になると料理、ワインなどの数とそれぞれの価格が明示された明細書が運ばれてくる。日本の和食店や鮨屋のように明細なしで総額だけが示されるようなことはない。日本だと明細書を細かくチェックするのは相手を疑っているようで気まずく感じるが、ヨーロッパでは念入りにチェックするのが普通である。このように金銭に関してはすべてが明朗で、日本のように、あうんの呼吸で物事が進むことはない。

1980年代は家族経営のトラットリアやバルでは税金逃れが普通に行われていて、正式な領収書が必要な客は満額払い、簡易領収書なら10%引き、領収書が必要でなければ30%引きといったような3重価格がまかり通っていたが、脱税の取り締まりが厳しくなったので、ずいぶん減った。イタリアでは客も店を出たときに、正式な領収書を保持していることが義務づけられている。

だからバルでコーヒーを飲んだとしても、その領収書をすぐに捨ててはいけない。もしバルの外で税務警察に呼び止められて、領収書を保持していないことがばれると違法ということになってしまう。これは店側が領収書を発行しないで脱税することを防ぐための措置である。税務警察がコントロールをしているのに出くわしたことはないが、法律上の立てつけとしてはそうなっている。

これほどいろいろなことが明朗になっているということは、逆を返せばそれだけ違法行為が横行する危険があるということである。ローマで観光客がぼったくられたという話は、定期的に新聞の紙面を賑わす。伊勢海老を食べて、ワインを飲んだら、一人10万円を請求されたといったような話だが、レストラン側は「ちゃんとメニューに価格が明示されている」と言い訳をしている。おそらく客にはちゃんと説明していないのであろう。店側は「メニューは渡したので、ちゃんとチェックしないのは客の責任」という主張だ。こんなことがあるから、メニューを見るときも、会計時もきっちりチェックする習慣が根づいているのである。

和食店や鮨屋で会計時に総額だけを書いた明細書を提示されるたびに、日本は平和な国なのだと思う。

レストランのチェックポイントは満載

覆面調査であるが、最初は余裕があるので、友だちを誘って一緒に出かける。仲間が一緒だと楽しいし、いろいろな料理を試せるというメリットもある。ところが、後半になってまだこなさないといけないレストランが多く残っている場合は友人と都合を合わせていられないので、仕方なく一人で訪問する。

これが毎日続くと、何となく寂しい気分になってくるものだ。心浮き立つ経験であるはずのレストラン訪問が義務になってしまっていることに気づくのである。

具体的な評価方法であるが、私がやっていた頃は１００点満点で料理が60点、ワインリストが20点、サービスが10点、雰囲気が10点となっていた。料理を食べるだけでなく、メニューもじっくり検証して、今回食べない料理でもどんなものがあるかをメモしておく必要がある。

ワインリストの検証にも時間がかかる。まずレストランがある場所に相応しいリストかどうか（たとえばワイン産地のレストランならその産地のワインにフォーカスしているかどうかなど）、価格は適正であるか、古いヴィンテージのワインがどの程度提供されているか、ワインリストの表記は正確かなど、いろいろとチェックするポイントがある。サービスは自然と評価できるが、その日の客の入り具合、週末であるかどうかなどによって変化が激しく、客観的な判断が最も難しいところでもある。

雰囲気に関しては、「内装が魅力的」「海に面している」「見晴らしが最高」などが考慮されるので、テラス席があれば、それも見ておく必要がある。それ以外にトイレチェックもあるので、必要がなくてもトイレに行って、酷い場合は減点する。バリアフリー対応や動物を連れて行っていいかどうかなどの情報は会計時に尋ねる。これらすべてを真面目にこなすとけっこう煩雑である。

油断禁物のトイレ事情

尾籠《びろう》な話で恐縮だが、イタリアを旅するときに必ず直面するのがトイレの問題である。ヨーロッパは全体的にトイレ事情が非常に悪い。まず公衆便所はほとんどない。あってもあまりに汚くて使用する気にならない。バルでは顧客であれば（キャラメル1個でも購入するか、コーヒー一杯でも飲んで、「顧客」という地位をゲットする必要がある）、トイレを使用できるが、一つしかないので、使用中であることも多いし、故障して使用できないことも珍しくない。しかもバルなどのトイレもかなり汚い。田舎だと穴があいていて、水が流れるだけの、昔の和風トイレのようなものも珍しくない。鍵が閉まらないこともしばしばある。

そんなわけで、一日外に出ているときは、まともなトイレが簡単に使用できる場所（たとえばワイナリーなど）があれば、必ず用を足しておいたほうがいい。実際イタリア人もそういう困難には慣れているので、ワイナリーに到着すると、訪問を始める前に必ず「トイレが必要な方はおっしゃってください」と声がけしてくれる。そのタイミングを逃すと、次のワイナリーまでチャンスはないということだ。

このようにトイレ事情が悪い理由の最大の原因は、ヨーロッパ人はトイレが近くないことだ。一緒に旅をしていると5～6時間ぐらいは平気と思われる。トイレが近い日本人とは事情が異なるのである。

そのことは食事のマナーにも深く関わってくる。ヨーロッパでは基本的に食事中にトイレに行くのはマナー違反だ。だから、レストランに着いたらまずトイレを済ませておく。

皆がメニューをチェックしている間に順番にトイレに行くのである。表向きは「手を洗ってくる」という言い方をするし、実際に手も洗うのだが、主目的はこれから始まる3～4時間の食事に備えることだ。

正式のパーティーなどは長く続くが、ワインや水をかなり飲んでも、皆4時間ぐらいは平気である。ノーベル賞の晩餐会も4時間ほど続くそうだが、日本人出席者が「途中でトイレに行きたくなったらどうすればいいのですか？」と訪ねると、ノーベル財団の人は「我慢してください」と答えたと新聞で読んだ。ヨーロッパ基準では4時間ぐらいは我慢できるのが普通だということだ。

私はレストランに着くと、着席する前にすぐに行くようにしている。皆が着席してメニューを見出すと、次々にトイレに行く人が現れるので、渋滞するからだ。特に大人数のときは混み合う。けっこうまともなレストランでも、トイレの数が少なかったり、入り口と洗面所は男女共用になっていることがあるので、混雑するとかなり気まずい。空いている時間帯を素早く狙うことが重要なのである。

レストランの成功のもと

覆面調査が終わると、今度は点数をつけて、紹介文を書く必要がある。ほとんど紹介文がない『ミシュラン』と違って、『ガンベロ・ロッソ・レストランガイド』は1ページに2つのレストランを紹介していたので、半ページ分の原稿を書く必要がある。どんな場所にあるか、雰囲気、歴史などにも触れながら、私が食べた料理を紹介して、判断を下す（褒めるか、貶すか、特に判断せず紹介だけするなど）。紹介するのは、できれば前年のガイドブックで紹介した料理と異なるものが好ましい。だから訪問前に昨年のガイドブックをチェックしておく必要がある。

前向きな雰囲気を感じられるか

このようにちゃんと行うとなかなか大変な仕事だが、皆がそのような真摯な心がけで取り組んでいるとは限らない。なかには知り合いの店ばかりを紹介して褒めている輩もいる。一度、私が有名な店をかなり貶した（実際サービスが酷かった）ことがあり、そのときはその店の友人の調査員がどこが悪かったのかをすぐに尋ねてきた。残念ながらこのような癒着が横行しているのが、レストランガイドの世界である。

レストランガイドの仕事で最もよかったことは、自分では絶対に行かなかったであろう店を訪問できることである。やはり自分で行くとなるとどうしても馴染みの店ばかりになり、新規開拓はなかなか難しい。ガイドブックの場合は編集部が指定してくるので、まったく知らなかった店にも行くことになる。それにより新たな発見があるし、刺激も受け、視野が広がる。やはり人間は一人でできることには限度があり、外からの刺激が必要なのである。

レストランガイドで何軒もの店を訪問していると、直感が磨かれる。外から店を見ただけで、ある程度どんな料理を出す店なのか、どんなサービスをするのかがわかるようになる。これは理屈ではなく、直感の問題である。やはり立ち合いの数をこなすということは重要なのだ。商業的にその店が成功するか、しないかもある程度予想できるようになる。

大事なことは、シェフの腕がいいからといって必ず成功するとは限らないことだ。むしろシェフの腕は平凡でも絶対成功すると思える店もある。全体の雰囲気の問題である。雰囲気が前向きで、活気がある店は必ず成功する。どこか暗い店は必ず潰れる。ガイドブックをやっていると店の廃業などのニュースが真っ先に入ってくるので、その印象を誰よりも早く確認することができる。繰り返しになるが、店の成功はシェフの腕だけによるものではない。むしろ全体の雰囲気なのである。

イタリアでは食べられないイタリア料理

日本を訪れたワイン生産者に同行することが頻繁にあるので、日本のイタリア料理店を数多く訪れることになる。来日生産者は口を揃えて「日本のイタリア料理は美味しい。外国では間違いなく一番。ひょっとしたらイタリアよりも美味しいかもしれない」と讃える。

彼/彼女らが特に感心するのは「イタリア料理の真髄をちゃんと学んで、それをまったく歪めることなく、日本の食材と日本人の感性で作っている」という点だ。

最近はずいぶん減ったが、20年ほど前まではイタリアの一流店のキッチンを覗くと、修行中の日本人シェフが数多くいた。それらのシェフが3～5年ほど現地のいろいろな店で修行を積んで、イタリア料理のエッセンスを学んで帰国するのである。

重要なのはそこで「イタリア現地でやっている料理をそのまま再現する」という選択をしないで、「真髄は守りつつも日本の食材と日本人の感性を表に出す」という道を選んだということだ。

だからイタリア本国では食べることのできない、見事なイタリア料理が花咲いているのである。来日するイタリアの一流ワイン生産者は、当然国内の一流店は嫌というほど訪れている。そんな生産者にとって「イタリアで食べられている一流料理の再現」を日本で食べることにまったく興味はないだろう。

ところが「本質は守っているが、異なる感性で作られた、違う角度から光を当てたイタリア料理」というのには大いに惹かれるようだ。しかも日本のイタリア料理は繊細で、軽やかだ。香りと風味は完璧に残しながらも、余分な脂肪を落としたものが多い。これも美食疲れしている生産者には嬉しいようだ。

そのような日本イタリアンの好例を一つ挙げるとしたら「リストランテ アルポルト」だろう。イタリアの生産者を連れて行くと必ず感動する。繊細で、優美で、上品な料理で、かつ奇妙なことは何もしていない正統派であるからだ。もちろん「アルポルト」以外にも、素晴らしいイタリア料理店が日本にはきら星のように揃っている。

ピッツァのアプローチ

精緻極まりない片岡護《かたおかまもる》シェフの料理を食べると、「イタリア本国の料理が雑に思える」という生産者もいるが、たしかにイタリアの料理人は直感と勢いで料理を作るところがある。典型的なのはピッツァである。日本はピッツァ（特にナポリ風ピッツァ）のレベルが非常に高い。イタリアはナポリ周辺を離れると実はピッツァのレベルはそれほど高くない。北イタリアなど本当に酷いレベルのピッツェリアが数多くある。客がそれほど高いレベルを求めてないというのもある。

ピッツェリアには大きなスクリーンを用意して「みんなでピッツァを食べながら、サッカーの試合の応援をしましょう」といったプロモートをしている店もあり、そんなところではピッツァの品質自体はそれほど問題にならないのだろう。「ナポリ以外で最もレベルが高いのは東京」という生産者が多いが、私もそんな印象を持っている。ただナポリと東京ではアプローチがまったく異なる。

ピッツァはシンプルな料理で、何よりも生地が重要だ。そして生地の味はどのように発酵させるかによって決まる。サクッとして、もちもち、しっとりという食感、味わいの深みなどを決めているのは発酵である。というわけで昔からピッツァ職人は経験に基づいて発酵を管理してきたわけだが、ナポリなどで話を聞くとかなり直感的なものが多い。

「まず2〜3時間置いて、膨らんだら冷蔵庫で寝かせる。このとき重要なのは生地が赤ちゃんのほっぺぐらいのやわらかさになっていること」とか「冷蔵庫から出して2時間ほどして、表面がしっとりしてきたらＯＫ」などかなりアバウトだ。ただ、もちろんこれで見事に美味しいピッツァを作っているのだから、何の問題もないのではある。

対照的に日本のピッツァ職人のブログなどを見ると「今日は28・5度、湿度70％で3時間15分発酵させた。明日は28度に下げてやってみる」など非常に科学的だ。もちろんどんなに科学的に分析しても、気温や湿度は毎日変化するし、それに対応する必要があるので、最後は直感で判断せざるをえない部分もあるだろうが、そこに至るまでは非常に緻密である。

これもどちらがいい悪いの問題ではなく、アプローチの違いだ。だから日本で食べるピッツァは丁寧に作られ、雑なところがいっさいなく、美味しい。一方、ナポリで食べるピッツァはどこか鷹揚《おうよう》で、勢いのある味わいで、「ピッツァを頬張っている」という幸福感が最大限に感じられる。

スタイルの違いなのである。よく「イタリアより日本のほうがイタリア料理は美味しい」とか、「パリより東京のほうがフランス料理は美味しい」といった不毛な話を聞かされるが、うんざりだ。好みの問題だ。日本の上品なイタリアンが食べたい日もあるし、イタリアの田舎で焦げ気味の肉を腹いっぱい食らいたい日もある。どちらが優れているという問題ではなく、その日のあなたが何を求めているかなのである。

ワインの評価でも、レストランの評価でもそうだが、本来まったく比較不可能なものを無理矢理同じ土俵に立たせて、競わせるのはやめたほうがいい。モーツァルトの「コジ・ファン・トゥッテ」とヴェルディの「リゴレット」のどちらが優れているかというのは不毛な論議だ。両方とも傑作オペラだし、それぞれ異なる魅力を持ち、違う感動を与えてくれる。

おわりに

イタリア料理は食材の料理だといわれる。気候に恵まれたイタリアには豊かな食材が数多くあるので、それに簡単に手を加えるだけで、美味しい料理となる。イタリアは職人の国だ。優れた職人の技が生み出す加工食品（生ハム、サラミ、チーズなど）が素晴らしい。

これらもレストランやトラットリアで提供され人気が高いが、カットしたものを出しただけなので料理とはいえないと揶揄する人もいる。しかし食材が美味しければ、変に手を加えて「こねる」よりも、そのまま楽しんだほうが幸せだと私は思う。

イタリア料理は食材の香りや味わいがそのままお皿に残っている。シンプルであるがゆえにごまかしが効かない。鮨と同じである。ストレートな味わいなので食べ飽きない。地中海食が無形文化遺産に登録されたこともあり、「健康で長寿を保証する食事」というイメージが根づいて、世界的にも人気が高まっている。

フランスの3つ星レストランに行くと、イタリア料理かと思える皿が出てきて驚くことがある。フランスでも高級店ほどバターを減らして、オリーヴオイルを増やし、野菜を多く使う料理が目立つし、複雑なソースを多用するよりも、厳選した素材の味わいで勝負する店が増えた。確実に時代は「イタリア料理的なるもの」を求めているようだ。

私がイタリア料理に関わり始めた1980年代初めの世界におけるイタリア料理のイメージは「やたら量が多くて、単純な料理」「移民が食べるピッツァかパスタ」といった寂しいものだったことを考えると、隔世の感を禁じ得ない。

私はフランス料理やスペイン料理も大好きで、現地に食べに行くことも多い。イタリア料理だけに特別な思い入れがあるわけではないが、やはり魅力的だと思う。特に地方ごとにまったく料理が異なる点に惹かれる。職業上、さまざまな州を訪問するが、違う国かと思えるほど州ごとに料理が異なる。これは料理だけでなく、文化、建築、芸術も同じで、地方色が破格に強い国だ。地方色の豊かさはイタリア料理の魅力の一つである。

もう一つイタリアで食事をして、強く印象に残るのは「家庭的な温かさ」だ。地方のトラットリアはもちろん、高級店でもどこかマンマの愛情たっぷりの料理を思い出させる味わいが感じられる。店側と客側が一線を画すことがなく、けじめがはっきりしていない接客も、妙に居心地のよさを感じさせてくれる。イタリアの飲食店で食事をしていると、どこか知り合いの家に招かれたような気持ちになるのだ。常連でもない初めの客でもフィーリングが合うとまるで家族のように迎え入れてくれる。料理においても、接客においても、心温かな人たちなのである。

私はイタリアで生まれたわけでもないし、育ったわけでもないが、イタリア料理を食べるとどこか懐かしい気がする。そのような家庭的温かさがイタリア料理最大の魅力かもしれない。

拙著を通じて、読者がイタリア料理の魅力を感じていただけたとしたら幸いである。

最後にこの本の初めからご指導いただいた大和書房の松岡左知子さんに心から感謝いたします。

２０２５年１月

宮嶋　勲

本作品は当文庫のための書き下ろしです。

宮嶋 勲 みやじま いさお

ジャーナリスト。1959年京都生まれ。東京大学経済学部卒業。1983年から1989年ローマの新聞社に勤務。以降、1年の3分の1をイタリアで過ごし、ワインと食について執筆活動を行う。2004年から10年間『エスプレッソ・イタリアワイン・ガイド』の試飲スタッフ、『ガンベロ・ロッソ・レストランガイド』執筆スタッフを務める。現在『ガンベロ・ロッソ・イタリアワインガイド』日本語版責任者。
BSフジ「イタリア極上ワイン紀行」の企画、監修、出演。著書に『最後はなぜかうまくいくイタリア人』(日経ビジネス人文庫)、『今日の美味しい一杯に出会えるワインを楽しむ本』(だいわ文庫)、『イタリアワイン』(ワイン王国)(監修)など。

読んで旅する
よんたび

イタリアの「幸《しあわ》せのひと皿《さら》」を食《た》べに行《い》く

著者 宮嶋《みやじま》勲《いさお》

2025年2月15日 第1刷発行

発行者 佐藤 靖
発行所 大和《だいわ》書房
東京都文京区関口1-33-4
電話 03-3203-4511
フォーマットデザイン 吉村 亮(Yoshi-des.)
本文デザイン 福田和雄(FUKUDA DESIGN)
本文印刷 シナノ印刷
カバー印刷 山一印刷
製本 小泉製本

ISBN978-4-479-32119-4
乱丁本・落丁本はお取り替えいたします
https://www.daiwashobo.co.jp